Seyla Benhabib

セイラ・ベンハビブ
向山恭一＝訳

他者の権利
The Rights of Others: Aliens, Residents, and Citizens

外国人・居留民・市民

法政大学出版局

「いかなる人間も非合法ではない」

移民労働者のフリーダム・ライド　2003

2003年10月4日 ニューヨーク，クイーンズ

目次

謝　辞

本書は、二〇〇二年四月二七日から五月二日、ケンブリッジ大学の招聘でキングス・カレッジにて行なわれた、ジョン・ロバート・シーリー講義の原稿を修正し、加筆したものである。この間、寛大なるもてなしをいただいた、ギャレス・ステッドマン＝ジョーンズとミリ・ルービンに感謝したい。とりわけ、これらの講義を行なうよう最初にお招きいただいた、クエンティン・スキナーのご助力に感謝を捧げたい。スーザン・ジェイムズ、イストヴァン・ホント、オノラ・オニール、ジョン・ダン、リチャード・タック、エマ・ロスチャイルド、アマルティア・セン、アンドリュー・クーパーには、質問と批評をつうじて、ケンブリッジでの滞在を豊かなものにしていただいた。

本書に収められた思想を提起した多くの機会のなかでも、二〇〇二年三月のイェール法科大学院の法理論セミナーはもっとも忘れられないひとつであった。司会を務められたアンソニー・クロンマン学部長、セミナー後も会話や批評をいただいた、同僚のブルース・アッカーマン、オーウェン・フィス、ポール・カーン、ジュディス・レスニック、レヴァ・シーゲルに感謝したい。ジュディス・レスニックには、国際法について適切にご教示していただき、とくに感謝している。

トロント大学の同僚である、ジョセフ・カレンズ、メリッサ・ウィリアムズ、オードリー・マックリン、ジェニファー・ネデルスキーには、二〇〇三年一〇月、プリーストリー講座の賛助のもと、本書の一部を発表したのを聞いていただいた。彼らの刺激的な批評に感謝している。

また、ファイト・バーダー、ライナー・バウベック、ジェイ・バーンスタイン、リチャード・J・バーンスタイン、ジェイムズ・ボーマン、ナンシー・フレイザー、モーリス・カプラン、リヴァ・カストリヤーノ、ジョン・マコーミック、マックス・ペンスキー、ウルリッヒ・プロイス、セイヤーズ・ルディには、カント、アレント、ヨーロッパ連合（EU）に関する質問や意見をいただいたことに感謝したい。さらに、カロリン・エムッケには、第3章および第5章についての感想を、ナンシー・コーカッツには、本書のロールズ批判への精力的な反論をいただき、感謝している。とりわけ、ウィレム・マースには、EU内の市民資格に関する多くの会話と、とくに第4章でご助力をいただき、格別に感謝している。メルヴィン・ロジャーズは、文献一覧を準備し、全体の照合を手伝っていただいた、かけがえのない助手であった。デイヴィッド・レスリーには、本書の最終段階で重要な編集を手伝っていただいた。

ボストンからアムステルダム、ロンドン、イスタンブール、コネチカットへと同行してくれた私の家族、娘のローラと夫のジム・スリーパーには、特別な感謝の言葉が捧げられるべきだろう。というのも、彼らとのたくさんの旅行、越境、そしてパスポート検査を経て、本書は完成されたからである。

第1章の部分は、ウィリアム・レーク、ジェイムズ・ボーマン編『多元主義とプラグマティズム的転回――批判理論の変容　トーマス・マッカーシー記念論文集』（ケンブリッジ、MA、MIT出版局、二〇〇一年）に所収の「客人、外国人、市民について──カントのコスモポリタン的権利を再読する」として発表された。第2章の一部は、『ソーシャル・リサーチ』六九巻二号（二〇〇二年）、五三九〜五五六頁に「変わりゆく世界の政治地理学──アレント的考察」として掲載された。第4章の原型は、『ガヴァメント・アンド・オポジション』三七巻四号（二〇〇二年秋）、四三九〜四六五頁の「市民資格の変容──現代ヨーロッパの場合」に収められている。なお、私のシーリー講義は、『市民資格の変容──グローバル化の時代における国民国家のディレンマ』（アムステルダム、ファン・ゴルクム、二〇〇一年）という表題のもとで行なわれた、スピノザ講義での考察を加筆し、修正し、引き継いだものである。

最後に、ケンブリッジ大学出版局のリチャード・フィッシャー、カレン・アンダーソン・ハウズ、アリソン・パウエルに多くの感謝を捧げたい。彼らとともに仕事ができたことは光栄であった。

凡例

一、本書は、Seyla Benhabib, *The Rights of Others: Aliens, Residents, and Citizens*, Cambridge: Cambridge University Press, 2004 の全訳である。

一、文中の（　）、［　］は原著者によるものである。また、クォーテーションについては「　」でくくった。

一、文中で大文字で記されている箇所は〈　〉で、また長い条文などについては「　」で、それぞれくくった箇所がある。

一、文中の（　）、——については、一部、取り外して訳出した。

一、文中に訳者が挿入した語句は〔　〕で示した。

一、原註は（1）というかたちで記し、巻末に一括掲載した。

一、引用文献中で日本語訳のあるものは適宜参照した。ただし、訳文はかならずしもそれに拠らない。また、邦訳の書誌情報は参考文献一覧に示した。

一、索引は原著をもとに訳者が作成した。

序　論

本書では、政治的成員資格に焦点をあてることで、政治共同体の境界線が検証される。ここでいう政治的成員資格とは、外国人やよそ者、移民やニューカマー、難民や庇護申請者を、現存する政体に編入するための原理と実践のことである。政治的境界線は、ある者を成員、ほかの者を外国人として定義する。同様に、成員資格は、入国、接近、帰属、特権の儀式をともなうときのみ意味をもつ。近代の国民国家体系は、ひとつの主要カテゴリー、すなわち国家的な市民資格の観点から成員資格を規制してきた。今日では、国家主権が揺らぎ、国家的な市民資格の制度が解体され、さまざまな要素に分解されつつある。そこには新しい成員資格の様態が現われており、その結果、国民国家体系によって画定された政治共同体の境界線は、もはや成員資格を規制するのに十分ではなくなっている。

これまで政治的成員資格は、国内あるいは国際的な正義の重要な側面とはみなされてこなかった。国家の境界線の「不可視性」とともに、政治的成員資格の加入および脱退を規制する実践と制度もまた不可視で、理論的な検証や分析にかけられることはなかった。そこで本書では、国境横断的な移住が、そして国境を越えた諸国民の移動によって提示された憲法上および政策上の争点が、国家間の関係の、したがってグローバルな正義の規範理論にとって重大であることを論じてみたい。

　国際的でグローバルな正義論を展開している最近の試みは、奇妙なことに、移住の問題については沈黙している（Pogge 1992; Buchanan 2000; Beitz ［1979］ 1999 and 2000 参照）。これらの理論家たちは、その国家中心的な前提への批判にもかかわらず、国家中心主義の根本的な基礎、たとえば外国人や侵入者、難民や庇護申請者からの国境の警備と防御を問うことはなかった。移住あるいは出入国の管理は、国家主権にとって不可欠である。「ウェストファリア後」の主権概念を展開する主張（Buchanan 2000 and 2001）は、領土的な境界線を越える諸国民の移動についての規範的な規制にも言及するものでないかぎり、どれも有効ではないであろう。哲学的な観点からみれば、国境横断的な移住は、自由民主主義体制の核心にある構成的なディレンマ、すなわち、一方における主権的な自己決定の要求と、他方における普遍的な人権原則の支持とのディレンマを前面に押し出している。本書では、これらの二重の公約の内的再構築をつうじて、政治的成員資格をめぐる実践が、もっとも明らかにされることを論じるつもりである。

　人権の宣言と、自らの国境を管理し、入国許可者の質と量を監視しようとする国家の主権要求とのあいだには、緊張だけでなく、しばしば明らかな矛盾も存在している。これらの二重の公約によって提起されたディレンマは、簡単には解決されえない。私は、国家体系の終焉も、世界的な市民資格も主張するつもりはない。むしろ、カントのコスモポリタン的連邦主義の伝統に従いながら、境界づけられた共同体における成員資格の重要性を強調し、そこでの「民主的な愛着」の必要を擁護するつもりである。

もちろん、そのような愛着は、現存する国民国家構造にのみ向けられるものではない。それどころか、市民資格の制度が分解され（第4章参照）、国家主権が高まる圧迫にさらされるにつれて、今日の世界では、民主的な愛着と行為に開かれた下位国家的および超国家的な空間が現われている。そして、それらの空間は現存する政体に代わってというよりも、むしろ、それらの政体とともに促進されなければならない。それぞれ独自の文化的、法的、立憲的な自己理解を含みながらも、生まれつつある世界政治的な正義の規範への関与を強めている、そうした多様な民主的共同体の要求を尊重することが重要なのである。

私の立場は、成員資格の問いよりも資源や権利の配分問題を優先する、最近の新カント派の国際的な正義論とは異なっている。ここでの主張は、コスモポリタン的な正義論はグローバルな規模での正しい配分という図式に限定されるのではなく、正しい成員資格の構想もまた組み込まなければならない、ということである。この正しい成員資格は、難民や亡命者たちの最初の入国への道徳的要求を認めること、移民が入りやすい国境の管理体制、国籍剥奪や市民権喪失の禁止、そして、すべての人間が「権利をもつ」権利、つまり、それぞれの政治的成員資格の地位にかかわりなく、すべての人間が何らかの不可譲の権利を付与された法的人格とみなされる、そうした権利の擁護を含んでいる。外国人という地位は、いかなる基本的権利も剥奪されるものであってはならないのだ。さらに、正しい成員資格には、いくつかの条件を満たした外国人に関しては、市民資格への権利もまた含まれている。永遠によそ者であることは、自由民主主義的な人間共同体の理解と両立しないだけではない。それは基本的人権の侵害でもある。政治的成員資格への権利は、規模において非差別的で、公式と執行において透明で、国家や国家のような機関によって侵害されたときには法的に争われうる、そのような実践によって調停されなければならない。これまで帰化、市民資格、国籍剥奪の決定を国際法廷および憲法裁判所から守ってきた、国家主権の原則が問われなければならないのである。

領土性の危機

政治的な境界線と成員資格をめぐる問いは、ウェストファリア型の国家主権が多くの理由から危機にあることによって、とくに際立ったものとなっている[1]。「ウェストファリア型」は、明確に区分された領土への最高の管轄権をもつ、支配的で統一された政治的権威が存在することを前提としている。この類型の有効性および規範的な妥当性は、資本、金融、労働の自由市場の形成をつうじたグローバル経済の台頭、軍事、通信機関、情報技術の増大する国際化、国際的で国境横断的な文化的ネットワークや電子圏の出現、そして下位国家的および国境横断的な政治的行為者の成長によって、疑わしいものになりつつある。グローバル化は国家の行政的＝物質的機能をしだいに不安定な状況へと引きずり込んでおり、それは自らの決定と帰結に影響を及ぼしうる一国家の能力をはるかに越えたものとなっている。国民国家は、新しい環境によって引き起こされた、経済的、生態学的、免疫学的、情報的な問題に対処するには小さすぎる。それはまた、アイデンティティに駆り立てられた、社会運動や地域運動の目標に対応するには大きすぎる。このような条件のもとでは、領土性は物質的機能や文化的アイデンティティの時代錯誤的な境界設定となっている。しかし、そうした伝統的な主権概念の崩壊にもかかわらず、領土の独占は移民および市民権政策をつうじて行使されている。

一九一〇年には、ざっと三〇〇〇万人が移民として自国以外の国に住んでいたが、二〇〇〇年になると、その数は一億七五〇〇万に達したとみられている。これと同じ期間（一九一〇～二〇〇〇年）に、世界の人口は、一六億から五三億へと三倍に増加したとみられている（Zlotnik 2001, 227）。これとは対照的に、この九〇年間に、移民はほぼ六倍に増加した。驚くことに、一九一〇年から二〇〇〇年に増加した移民の半分以上が、二〇世紀の最後の三五年である、一九六五年から二〇〇〇年に現われたものであった。この期間に、七五〇〇万の人々が出身国以外の国に移り住もうと越境移動を開始したのである（United Nations, Department of Economic and Social Affairs 2002）。

二〇世紀後半に移住運動が加速した一方で、難民の状況もまた広がっていった。世界にはおよそ二〇〇〇万人の難民、亡命者、「国内避難民」が存在している。ヨーロッパや北の豊かな国々は増大する移民に直面しているが、中央アフリカ共和国、アフガニスタン、チェチェンの戦争から逃れた何百万の難民を迎え入れているのは、隣国のチャド、パキスタン、イングーシェチヤといった南の国家ばかりである（Rieff 2003）。

世界的な規模の移民潮流について見識のある、ひとりの研究者が述べているように、「過去一〇〇年以上にわたって世界をつくり変えた大きな出来事の中心舞台には、しばしば国際的な移住があった。二〇世紀は、大陸間の移住が前例のないレヴェルに達した最初の一〇年から始まり、発展途上国から先進国への、東側ブロックの国々から西側への移住が高まった最後の一〇年で閉じたのである」（Zlotnik

2001, 257)。

しかし、こうした潮流を認めたからといって、国家体系の「終焉」という大げさな主張が支持されなければならないというわけではない。今日の政治的展開のアイロニーは、国家主権が経済、軍事、技術の領域でひどく侵されているにもかかわらず強力に主張されており、また国境も入りやすくなったとはいえ外国人や侵入者を締め出すために依然として存在している、ということにある。古い政治構造は弱ったかもしれないが、グローバル化に対応した新しい政治の形式はまだ見えてこないのである。

われわれは、異なる時代に描かれ、異なる必要に対応した古い地図を手がかりに、未知の領域を進んでいる旅人のようなものだ。われわれが旅している領域、すなわち、諸国家からなる世界社会は変わったが、われわれの規範的な地図は変わっていない。私は古い地図に代わる新しいものがあると主張するつもりはないが、われわれが横断している未知の領域の目立った断層線を、よりよく理解することには貢献したいと思っている。国際的な人権規約は、とくに「他者の権利」、移民、難民、庇護申請者の権利にかかわるものである。それゆえ、それらと領土的な主権の要求とのあいだに広がる規範的な不一致が、この新しい地形の目新しい特徴となっているのである。

国際人権レジーム

一九四八年の世界人権宣言以後、いくつかの国際人権規範の出現が注目されるようになった。諸国民の越境移動、とくに難民や亡命者の移動は、今日では国際人権レジームを必要としている。[2] 国際人権レジームとは、人権条約だけでなく、国際慣習法や国家間の「柔らかい法《ソフト・ロー》」（これは条約ではなく、したがって、「条約法に関するウィーン条約」によって網羅されない国家間の取り決めを説明するのに使われる表現である）も内包した、たがいに結びつき、重なり合う、グローバルかつ地域的なレジームであると理解されている（Neuman 2003）。

こうした展開は、少なくとも、三つの連結した領域で確認されよう。

人類に対する犯罪、ジェノサイド、戦争犯罪

人類に対する犯罪という概念は、ナチの戦争犯罪人をめぐるニュルンベルク裁判で、連合国によってはじめて表明されたものである。それは国家の役人および民間の個人が、極端な対立や戦争の状況においてさえ、そして、そうした状況だからこそ、たがいに処遇しあうときに従わなければならない規範があることを明記している。「広範囲の、もしくは体系的な攻撃」という条件のもとで行なわれる、民族浄化、大量処刑、レイプ、八つ裂きといった、敵への残虐で異常な刑罰は禁止され、たとえこれらの行為に責任のある個人が、現在、過去を問わず国家の役人であったか、あるいは、たんに命令のもとで行動した部下であったとしても、それらは彼らの告発や訴追を行なうのに十分な根拠となりうる。兵士や官僚たちが繰り返す「私は自らの職務を遂行したまでである」という発言は、他者があなたの敵であったときでさえ、そして、そうしたときであればこそ、その他者の人格における人間性の権利を廃棄したことが容認される理由にはならないのである。

これらのカテゴリーは、国際法において継続的に再表明され、とくに国際武力紛争から一国の内戦へと、そして市民に対する政府の活動へと拡大されていった。このことはつづいて「人道的介入」という概念の出現を促すことになった(3)。

人道的介入

人道的介入の理論と実践は、アメリカ合衆国とそのNATO〔北大西洋条約機構〕同盟国が、ボスニアとコソヴォにおける民族浄化や民間人への継続的な犯罪に対して、自らの介入行動を正当化するために訴えたものである。そして、それは主権国家が、宗教、人種、エスニシティ、言語、文化を理由に、一部の住民の基本的人権をはなはだしく侵害したときには、ジェノサイドや人類に対する犯罪のような行為を止めさせる、一般化された道徳的義務があることを示唆している（Buchanan 2001）。こうした場合、人権規範は国家主権の要求への切り札となる。人道的介入の解釈と適用がいかに論争的なものであるとはいえ、それは市民や居留民の生命、自由、財産を管理する国家の主権が、無条件でも無制限でもないことへの高まる合意にもとづいている（Doyle 2001）。国家主権は、もはや市民や居留民の運命の最終的な裁定者ではない。国家主権の行使は、たとえ国境の内側であっても、ジェノサイド、民族虐殺、大量追放、奴隷化、レイプ、強制労働を禁止する、国際的に承認された規範に従いつつあるのだ。

国境横断的な移住

国際人権規範が、主権国民国家に拘束力のある指針をもたらしている第三の領域は、国際的な移住にかかわるものである。人道的介入は、国民国家による市民や居留民の処遇に対処した。人類に対する犯罪と戦争犯罪は、国境で区切られた環境および治外法権的な環境での、敵もしくは対抗勢力間の関係にかかわっていた。これらとは対照的に、国境横断的な移住は、具体的な境界をもった共同体の成員とはみなされない、むしろ無条件に人間であるかぎりでの個人が、領土的に境界づけられた共同体と交渉し、そこへの入国を求め、その成員になろうとする権利に関係している。

世界人権宣言（United Nations 1948）は、越境移動の自由への権利を認めている。しかし、それは転出すなわち出国する権利であって、転入すなわち入国する権利ではない（第一三条）。宣言の第一四条は特定の状況下での庇護を受ける権利を文言化し、第一五条はすべての人が「国籍をもつ権利」をもつと明記している。第一五条の後半は「何人も恣意的に自らの国籍を奪われ、あるいは国籍を変更する権利を否認されることはない」と規定している（www.unhchr.ch/udhr/lang/eng.htm）。

世界人権宣言は、国家が移民の入国を許可し、庇護の権利を支持し、外国人居留民や永住外国人に市民資格を付与する義務については沈黙している。これらの権利は特定の名宛人をもっておらず、それゆえ従われるべき特定の義務が、第二、第三の名宛人に課されることもないように思われる。また、これらの権利の越境的な性格にもかかわらず、この宣言は個別の国家の主権性を支持している。かくして、普遍的人権と領土的主権との一連の内的矛盾が、今日の世界のもっとも包括的な国際法文書の論理のなかに組み込まれることになる。

一九五一年の「難民の地位に関するジュネーヴ条約」と、一九六七年に追加されたその議定書は、越境移動に適用される、二つ目のもっとも重要な国際的な法文書である。それにもかかわらず、これらの文書の存在も、あるいは国連難民高等弁務官（UNHCR）の設置も、この条約とその議定書が署名国だけに拘束力をもち、非署名国によって、ときには署名国自身によってさえ平然と無視されうるという事実を変えることはなかった。

一方で、国際人権規範が移民、難民、庇護の論争のなかでしだいに喚起されたことで、領土によって画定された国家が自らの国境を管理するという要求だけでなく、「国民共同体の境界線」を定義する自らの大権においても異議を申し立てられていることを嘆いている人々がいる（Jacobson 1997, 5）。他方で、世界人権宣言が「制度的コスモポリタニズム」を是認せず、真にコスモポリタン的な国際秩序よりも「国家間」の秩序を支持しているという理由から、それを批判している人々もいる（O'Neill 2000, 180）。しかし、明らかなことがひとつある。それは国家による国境内の市民および居留民の処遇が、もはや無制限の大権ではないということである。ウェストファリア的な主権の基礎のひとつ、すなわち、国家がその領土内のあらゆる客体や主体に対して最高の権威をもつということは、国際法によって正統性を奪われてしまったのである。

それでは、しだいに脱領土化しつつある政治の世界において、何が成員資格の指導的な規範原理となるべきなのだろうか。市民的および政治的な編入のいかなる実践や原則が、自由民主主義体制の哲学的な自己理解や立憲的な制約ともっとも両立しうるのだろうか。ここでは、自由民主主義体制における政治的成員資格の哲学的および制度的な側面を探究することで、これらの原理的な問いにとりかかることにしたい。

討議理論と政治的成員資格

まず、討議倫理と熟議民主主義の規範理論の観点から、政治的成員資格にアプローチすることにしよう（Benhabib 1992;［1996］2003; 2002a 参照）。成員資格とそれに付随する内包と排除の問いは、討議理論にとって当初から悩ましいものであった。討議倫理の基本的な前提は「討議と呼ばれる特別な議論状況のもとでは、関係者すべてによって同意されうる規範および規範的な制度的配置のみが妥当である」ということである（Habermas［1983］1990; Benhabib 1992, 29–67; 2002a, 107–114 参照）。こうした原則は、その基準に合致する手続きをつうじて、個別の規範の妥当性が検証されなければならないという意味において、メタ規範と呼ばれる。そして、このメタ規範は普遍的な道徳的尊重と平等主義的な相互性の原則を要求するものであると解釈される。普遍的尊重とは、発話と行為の能力のあるすべての存在に、道徳的会話の参加者となる権利を認めることである。平等主義的な相互性の原則とは、討議倫理の枠内で解釈するならば、各人が討議において新しい話題を提起したり、会話の前提の正当化を要求したりする、さまざまな発話行為について同じ権利をもつということを定めたものである。

討議倫理の内部では、範囲の問題、すなわち、だれが討議に内包されるべきであるのかという問いがつねに難しさを提起してきた。一読したところ、この理論は十分な発話と行為の能力のない人々を道徳的主体や道徳的代表から排除しているように思われる。「発話と行為の能力」が厳しく定義されるほど、われわれが道徳的主体として、道徳的犠牲者として認めたいと思っている多くの存在、たとえば、とても幼い子ども、異なる能力をもった人々、精神的に病んだ人々は、道徳的会話から排除されるように思われる。さらに、われわれが道徳的義務を負っている存在、われわれの行為によって影響を受けたために道徳的犠牲者となるかもしれないが、自らを代表することのできない存在もあるかもしれない。神経系をもった動物のように苦痛を感じる存在も、一部の議論では、森や生態系もまた生きており、われわれの行為によって影響されうるのである。討議倫理は、これらの道徳的要求や道徳的苦境に正しく対処することができるのであろうか。私は別のところで、道徳的討議の完全な参加者ではない存在の道徳的利益は、道徳的提言のシステムをつうじて、討議の文脈のなかで代表されるべきであって、実際そうされうると指摘したことがある（Benhabib 1992, 58, n.30; 2002a, 190–191, n.7）。

政治的成員資格の要求に関していえば、討議の範囲の問題はこれとは別の一連の難しさを提起している。討議理論は普遍主義的な道徳的立場を表明しているので、道徳的会話の範囲を国家によって認められた境界線の内部に住む人々にのみ限定することはできない。それは道徳的会話をすべての人類に拡大されうるものとみなさなければならない。はっきりといえば、あらゆる人格は、すなわち、それぞれ利害関心をもち、私の行為や私の行為の帰結が何らかのかたちで影響を及ぼしうる、あらゆる道徳的主体は、私の道徳的会話のパートナーでありうる。私はこのような個人や存在の代表者に対して、自らの行為を理由をもって正当化する道徳的義務を負っている。私は自らの行為の正当化を他者に行なわなければならないと認めることで、その他者の道徳的価値を尊重する。だれもがこうした正当化をめぐる会話の潜在的な参加者となりうる。したがって、討議倫理の規定を政治的成員資格の領域に拡張するためには、さらなる規範的な検証が行なわれなければならないのだが、必ずしもそうしなければならないというわけでもない。むしろ、討議的アプローチがここで行なうべきことは、主権的な政体のなかで道徳的に容認されうる内包と排除の実践とみなされるものに重要な限界を設けることであろう。

道徳的正当化をめぐる討議は開放的なものなので、境界づけられた共同体の成員であることから生じる道徳的な義務や責務と、人間として無条件に採用しなければならない道徳的視点とのあいだには、避けがたい必然的な緊張が存在するであろう。普遍主義的でコスモポリタン的な視点からみれば、国境をはじめとする境界線は正当化を必要とする。内包と排除の実践は、無限に開かれた道徳的会話の立場からの問いにつねにさらされているのである。

かくして、政治的成員資格の実践を検証しようとする討議理論家はディレンマに立たされる。市民資格の規範なども含めた、あらゆる成員資格の規範に共通する特徴は、これらの規範の帰結によって、そして何よりも、それらの排除の基準によって影響を受ける人々が、当然のことながら、それらの表明の当事者にはなりえないということである。成員資格の規範は、まさに内部者と外部者、市民と非市民を区別することで、成員ではない人々に影響を及ぼしている。ここでのディレンマはこうである。討議理論は、正当化しうるいかなる排除の基準も表明しえないという点で、成員資格の実践とはまったく関連性がないのだろうか。それとも、それは現存する排除の実践を、さらなる妥当化を必要としない、道徳的に中立的な歴史の偶然であると簡単に受け入れるのだろうか。しかし、民主主義が討議倫理では論じられなかった、道徳的に正当化しうる囲い込みを必要としているように思われる以上、このことは民主主義をめぐる討議理論それ自体がキメラ的であることを示唆しているのである。

共同体主義者は、道徳性の要求を個別の倫理的、文化的、政治的な共同体の主張に還元する。現実主義者やポストモダニストは、政治的規範がいつも道徳的規範に従わされうるということに懐疑的である。しかし、討議倫理学者は道徳的なものと倫理的なもの、道徳的なものと政治的なもののあいだで必要とされる分離および必要とされる調停を強調する。そこでの仕事は調停であって還元ではない。いかにして道徳的普遍主義と倫理的個別主義を調停しうるのか。いかにして法的および政治的な規範と道徳的な規範を調停しうるのか。成員資格をめぐる問いは、こうした調停の難しさをつねに提起している。もし道徳的なものと倫理的なものが区別されないならば、個別の文化的、宗教的、民族的共同体の排他的な市民資格と成員資格の実践を批判することはできないであろう。そして、もし道徳性と合法性が区別されないならば、法的に制定された民主的多数派の規範が、難民の入国を拒否し、亡命者を門前払いし、移民に国境を閉ざすものであったとしても、それらを批判することはできないであろう。最後に、もし道徳性と機能性が区別されないならば、自らの大切な道徳的、立憲的、倫理的な信念を踏みにじっている、移民、帰化、国境管理の実践に異議を申し立てることはできないであろう。

後期近代の個人としてのわれわれの運命は、普遍的なものの構想と個別的なものへの愛着との、永遠の綱引きにとらわれて生きることである。ヴェーバー的な意味での「脱魔術化された世界」では、競合する諸価値がわれわれの忠誠を求めて騒いでいる（Weber［1992］1958, 147–156）。ヴェーバーにとっては、こうした状況は必然的で避けがたい価値の多神論を意味するものであったが、私にとっては、それはわれわれの多様で対立し合う忠誠の重要な側面を排除し、道徳的緊張の領域を単純化しようとする、背信的な試みを表わすものでしかない。われわれは、愛する人の要求と非人格的で制度的な義務をつねに調停せざるをえないように、自分たちの政体の活動をよそ者の主張に照らしてつねに判断せざるをえないように、自分たちのとは異なる神々を崇拝する人々との対話につねに参加せざるをえないように、普遍道徳的なものを個別的なもの、法的なもの、あるいは機能的なものに解体することはできない。

それでは、民主的な囲い込みをめぐる討議理論的な正当化はありうるのだろうか。本書の解答は、ほかのものよりも正当化しうる民主的な囲い込みのいくつかの実践はあるが、しかし、すべての民主的な囲い込みは、異議申し立て、再意味化、制度の解体に、潜在的に開かれているというものである。脱国家的な連帯のプロジェクトは、現存する国境を越える道徳的プロジェクトである。そして、脱国家的な普遍主義的連帯と排他的な成員資格の実践との対立がもっとも明白になる場所は、領土的な境界および境界線にほかならないのである。

「ヨーロッパ国民国家」のなかで、ユルゲン・ハーバーマスはこう述べている。

立憲国家の法的構築には、概念上の裂け目、自然主義的な国民の概念で埋められる傾向のある裂け目がある。自らの共同生活を実定法によって規制するためにまとまる人々の世界が、どのように構成されるべきであるかは、純粋に規範的な観点から説明されうるものではない。規範的な観点からみれば、法のもとで自由で平等な仲間たちの結社の社会的な境界線は、純粋に偶然的なものである(Habermas 1998, 115–116)。

一九世紀以後、そして、植民地解放や共産主義の終焉のあとに現われた国家編成にいたるまで、この

「概念上の裂け目」は、ナショナリズムのイデオロギーと実践によって埋められてきた。市民であることと政治的成員資格をめぐる実践は、国民が空間的に再生産される儀式であった。近代国民国家の主権と同じ時期に生まれた領土的な境界線の管理は、国民どうしの接触や相互行為を空間において取り締まることで、その純粋性を時間において保証しようと試みるものであった。市民資格の歴史は、ナショナリズムの目標とイデオロギーが、複雑で、不規則で、つかみがたい現実を、何らかの単一の統治原理に従って、たとえば国家的な成員資格に従って、加工しようと試みてきたことを明らかにしている。あらゆる国民は、その内部と外部に自らの他者をもっている（Benhabib 2002a 参照）。実際、ナショナリズムはわれわれと彼らとの、われわれと他者との一連の想像的かつ非常に現実的な境界設定をつうじて構成されている。国家は成員資格の実践をつうじて、国民の共時的および通時的なアイデンティティを管理する。しかし、あらゆる諸国民の国籍や市民資格の規則は、歴史的偶然、領土紛争、文化衝突、官僚制的な決定が混ざり合ったものである。いくつかの歴史的な転機において、これらの規則やそれらをめぐる闘争は、別の時代よりも透明で、目に見えやすいものになる。われわれは政治的境界線の問題がふたたび目に見えるようになった、そういう歴史的な転機に立っている。

ナショナリズムは「立憲国家の法的構築における概念上の裂け目」にひとつの解答を提示している。民主主義の視座は、それが自由主義的なものであれ、共和主義的なものであれ、多文化的なものであれ、また別の解答を提示している。しかし、立憲国家の法的構築は、どのように正当化することができるのだろうか。ここではハーバーマスに従って、普遍的人権と国民主権、私的自治と公的自治の規範が、民主的な立憲国家の二つの不可欠の基礎となっていることを認めよう（Habermas 1996, 84–104）。普遍的人権は文脈を超越した訴求力をもっているが、国民主権および民主的な主権は自らを統治するために行動する、限定づけられたデモス〔市民〕を構築しなければならない。自己統治には自己構築も含まれるのである。かくして、普遍的人権に係留された、拡大的で内包的な道徳的および政治的普遍主義の原理と、個別主義的で排他的な民主的囲い込みの概念とのあいだには、解消しがたい矛盾あるいは「宿命的な緊張」(Cole 2000, 2)とさえいってよいものが生まれる。カール・シュミットは、こうした理由から、普遍的な道徳的平等を信じる自由主義と国民の平等を信じる民主主義は必然的に両立しがたい、と論じていた(Schmitt［1923］1985)。しかし、近代の立憲的民主制は、これらの二つの公約がたがいを制限するために使われ、それらが再交渉され、再表明され、再意味化されうるという信念にもとづいているのである。

そこで「民主的反復」という概念を使って、文脈を超越した憲法ならびに国際規範が、いかにして民主的多数派の意志と調停されうるのかを提示することにしたい。民主的反復とは、自由民主主義体制の法的および政治的制度とその公共圏をつうじて、普遍主義的な権利要求が議論され、文脈化される、公論、熟議、学習の複雑なプロセスである。

民主的反復は、一政体における既存の了解を変更するだけでなく、権威的な慣例を変形することもある。民主的反復は「法生成的政治」(Cover 1983; Michelman 1988)を開始するものとみなされる。民主的な国民はそうしたプロセスをつうじて、自らが法の従属者であるだけでなく、その起草者でもあることを明らかにする。成員資格の政治はまさしくデモスの自己定義と構成にかかわっている。いいかえれば、それはデモスが憲法上の公約の普遍主義的な内容と民主的な囲い込みの逆説との乖離に直面する、法生成的な政治の場となるのである。

国民主権は領土的主権と歴史的にも規範的にも密接に結びついているけれども、それらは同じものではない。国民主権はデモスのすべての正規の成員が、そのデモスが自らを統治する法の表明において発言権を付与されているということを意味している。それゆえ、民主的な規則はその管轄権を、まず自らをそうした規則の起草者とみなしうる人々へと拡大する。しかし、これから論じるように、法の権威のもとにある人々の範囲がデモスの正規の成員と完全に重なり合うことはなかった。すべての民主的なデモスは、一部の人々の参政権を剥奪しながら、特定の個人だけを正規の成員として認めてきた。領土的な主権と民主的な発言権が完全に一致したことはなかった。しかし、境界づけられた領土のなかにいることは、とくにそのなかで継続的に居留することは、民主的なものであれ何であれ、人々を主権的な権威のもとに置くことになる。新しい成員資格の政治は、正規の成員であることの権利、民主的な発言権、領土的な居留権をめぐる、こうした複雑な関係をうまく交渉させようとするものである。

このような交渉や民主的反復は、諸国家からなる世界社会の文脈において生じていると論じられよう。したがって、市民資格の取得に関する政策は一方的な自己決定の行使とみなされるべきではなく、世界共同体のほかの存在にも影響を及ぼす、多面的な帰結をともなった決定として理解されなければならない。主権とは関係的な概念である。民主的な国民のアイデンティティを定義することは、立憲的な自己創出の継続的なプロセスである。デモスの成員ではない人々が、その内包と排除の決定によって影響されつづけるという逆説は、完全には排除されえないかもしれない。しかし、その効果は自らの排除の実践を批判的に検証し、それを変更する国民によって行なわれる、民主的反復という再帰的な行為をつうじて軽減されうるであろう。「市民」と「外国人」、「われわれ」と「彼ら」との区別は、民主的反復をつうじて、流動的で交渉されやすいものになりうる。人間性だけを理由に、すべての人間を普遍的権利の網に徐々にすくいあげ、その一方で、排他的な成員資格の特権を少しずつ削り落としていく、そうしたポスト形而上学的で脱国家的なコスモポリタン的連帯の構想に向かうのは、そのようなときだけなのである。現代ヨーロッパの「市民資格の分解」は、脱国民的な連帯へと向かうこれらの社会学的潮流が例証される、主要な事例研究となるであろう。

第1章は、カントのコスモポリタン的権利の原則をめぐる検証から始められる。ここでは、普遍的な歓待の権利と、実際にカントが唯一「コスモポリタン的権利」(*Weltbürgerrecht*)と明示的に名づけたものに関する「永遠平和」の第三確定条項に焦点があてられる。そして、カントが今日とは根本的に異なる歴史的関心であるにもかかわらず、一方では難民および庇護の要求に関して、他方では移住に関して、今日の思考をいまもって導きうる観点を提示していることが論じられるであろう。歓待の権利は道徳性と合法性、普遍的な人権の原理と個別の政体の現存する法秩序とのあいだに位置づけられており、それゆえ、これまで国家の主権者どうしの関係に制限されてきた国際法の新しいレヴェルを画定しているのである。

第2章では、ハンナ・アレントの「権利をもつ権利」についての議論が考察される。アレントは、一九一八年から一九三九年の戦間期ヨーロッパで国籍をもたないことの苦境を振り返りながら、権利をもたないことのディレンマのもっとも透徹した哲学的解明のひとつを提示している。カントと同じく、彼女はコスモポリタン的な立場から、国家中心的で、領土によって区切られた国際関係の世界に内在する矛盾を考察しているのである。

しかし、アレントはウェストファリア型の国家関係の崩壊をみごとに表現しているが、「権利をもつ権利」のディレンマについては何の解答も示していない。一部では制度的な理由のために、また一部では哲学的な理由のために、彼女は人権と市民の権利との硬直した二分法を解体することができなかった。それとは対照的に、本章では、これらの二つの権利要求の次元に開かれた裂け目を橋渡しするための議論が展開される。ここでの戦略は、市民資格の要求を普遍的な人権レジームに組み込むことである。

第3章では、現代の新カント派のグローバルな正義論に取り組むことで、正しい成員資格の概念が大まかに描き出される。ここでは、まずジョン・ロールズの『諸国民の法』を考察し、なぜ移住が非理想的な理論の側面に追いやられているのかを分析する。現代のロールズの批判者たちもまた、哲学的問題としての移住を軽視している。ロールズの「諸国民」（これは定義の争われる用語である）への照準を修正するものとして、彼らは個人のためのコスモポリタン的正義の原理を表明している。しかし、個人のためのグローバルな配分的正義は、配分の第一原理のひとつ、すなわち、多様な共同体の成員としての人間の配分を軽視している。成員資格の正しい配分の原理とは何なのだろうか。現代の配分的正義の理論は正しい成員資格を無視しているだけでなく、配分の政治をめぐる民主的正統性に注意を払わないために「民主主義の欠損」をこうむってもいる。これらの理論には、民主的に信任されていない世界政府か、超国家的もしくは国境横断的な配分機関を支持しようとする暗黙の傾向がある。これとは対照的に、コスモポリタン的連邦主義は民主的であると同時に、民主主義と配分の相互依存から生まれるグローバルな正義の構想でもある。こうした視座のもとで、国境横断的な移住はあらためて概念化されうるであろう。

第4章と第5章では、より制度的で経験的なものに焦点があてられる。第4章では、とくにヨーロッパ連合（EU）を参照しながら、市民資格要求の分解が検証される。集合的アイデンティティ、政治的成員資格の特権、社会的便益の付与は、国家的な市民資格という一元的な制度ではもはや束ねられなくなった。それらは分解され、さまざまな権利レジームと、多様で入れ子状になった主権体の範囲のもとにある。しかし、分解された市民資格はコスモポリタン的な市民資格ではない。それが描き出している展開は、民主的な愛着や市民的な関与をともなわない諸国民の世界的な流動を駆り立て、グローバル市場には参加するが、デモスを欠いた世界的なプロレタリアートの形成にいたるかもしれない。

第5章では、ローカルなもの、グローバルなもの、国家的なものの相互浸透が論じられ、そこでの民主的反復の実践に焦点があてられる。ここでは、コスモポリタン的な市民資格が、地方的なものであれ、地域的なものであれ、それ以外のところのものであれ、その民主的な活動や参加の枠組みのなかで普遍的なものを再要求し、再定位し、それを反復しなければならないことが論じられるであろう。そこで、私は最近のヨーロッパの展開から得られた三つの事例に焦点をあて、民主的反復の生きた実践を例証することにしたい。それはフランスの「スカーフ事件」、同じくスカーフをかぶって教える権利を否認された、ドイツのアフガン人教師の事例とその問題に関するドイツ憲法裁判所の判決、そして最後に、シュレスヴィヒ＝ホルシュタイン州とハンブルク都市州の長期滞在外国人に付与された地方参政権を違憲とした、一九九〇年のドイツ憲法裁判所の判決である。これらの判決は一九九三年のマーストリヒト条約によって破棄されたが、しかし民主的反復のプロセスを開始することになった。そして、それは一九一三年からつづいた、ドイツのかなり古めかしい制限的な市民権法の廃止へとつながったのである。

1　歓待について——カントのコスモポリタン的権利の再読

本章は、カントのコスモポリタン的権利の理解をめぐる分析から始められる。カントの議論は、境界づけられた共同体を越えた個人のあいだで保たれる道徳的および法的な関係に焦点をあてることで、個別の政体の法と慣習的な国際法の双方のあいだに位置づけられる新しい領域を画定するものであった。カトリン・フリックシューは、このことをつぎのように明瞭に述べている。「カントは三つの区別された、しかし相互に関連する法＝権利関係のレヴェルを認識している。〈国家の法〉は、国家における個人間の〈権利〉関係を明らかにするものである。〈諸国家の法〉は、国家間の〈権利〉関係にかかわるものである。〈すべての諸国民のための法〉あるいは〈コスモポリタンの法〉は、個人と外国とのあいだの〈権利〉関係にかかわるものである」（Flikschuh 2000, 184）。そして、政治的成員資格をめぐる規範的なディレンマは、この第三の世界公民法（*jus cosmopoliticum*）の領域に集中している。

「永遠平和」とコスモポリタン的権利——現代の再評価

一七九五年、プロシアと革命フランスによるバーゼル条約の署名をめぐって書かれた、カントの「永遠平和」に関する論文が、近年かなり見直されるようになっている（Bohman and Lutz-Bachmann 1997 参照）。今日の政治的グローバル化の状況のもとで、この論文をとくに興味深いものにしているのは、国家間の永遠平和に向けたカントのプロジェクトがもつ構想の奥深さである。カントは「国家間の永遠平和のための三つの確定条項」を定式化している。それは「各国の政治体制は共和制的でなければならない」、「諸国家の法は自由な国家の連合にもとづかなければならない」、そして「世界市民の法は普遍的な歓待の条件に制限されなければならない」（Kant［1795］1923, 434–446;［1795］1994, 99–108）というものであった[1]。この論文に関する多くの研究は、これらの条項がとりうる、あるいはとるであろう細かい法的および政治的な形態に、そしてカントが確立しようと提唱していたのが、諸共和国からなる世界連邦（*eine föderative Vereinigung*）であったのか、それとも主権国民国家の同盟（*Völkerbund*）であったのかということに焦点をあててきた。

あまり論評されていないのは、「永遠平和」の第三確定条項、カント自身が実際に世界市民の法《ヴェルトビュルガー》＝権利《レヒト》という用語を使って明示的に指示している唯一の条項である。ドイツ語では“Das Weltbürgerrecht soll auf Bedingungen der allgemeinen Hospitalität eingeschränkt sein”（Kant［1795］1923, 443）となっている。カント自身、こうした文脈における「歓待」という言い回しの奇妙さに気づいており、それゆえ「それは博愛ではなく権利の問題である」と註記している。いいかえれば、歓待は社交性の美徳として、ある人が自国にやってきたよそ者に、あるいは、自然もしくは歴史の成り行きによって、その人のもてなしに依存するようになったよそ者に示すかもしれない、親切さや寛大さとしては理解されていない。歓待とは、われわれがよそ者を世界共和国の潜在的な参加者とみなすかぎりにおいて、すべての人間に属する「権利」である。しかし、歓待の「権利」は、それが自らを管轄する特定の市民的統一体の成員である個人間の関係を規制しない、という点で奇妙なものである。むしろ、この「権利」は、異なる市民的統一体に属するが、境界づけられた共同体の辺境で出会う諸個人の相互行為を規制するものである。歓待の権利は政体の境界線に位置づけられている。そして、それは成員とよそ者との関係を規制することで市民的空間を画定している。かくして、歓待の権利は人権と市民的権利とのあいだの、われわれの人格における人間性の権利と、われわれが特定の共和国の成員であるかぎりにおいて付与される権利とのあいだの空間を占有する。カントはこう述べている。「歓待［*Wirtbarkeit*］はよそ者が別の国にたどり着いたとき、そこで敵として扱われない権利を意味している。彼の破滅がもたらされないならば、彼の受け入れを拒否することもできる。しかし、その地に平和的にとどまるなら、よそ者は敵意をもって扱われてはならない。彼が要求しているのは永遠の訪問者である権利［*Gastrecht*］ではない。外部者に一定の期間、仲間の住民［*Hausgenossen*］となる権利を与えるためには、特別な恩恵の契約［*ein . . . wohltätiger Vertrag*］が必要となるであろう。すべての人間がもっているのは、一時的な滞在の権利［*ein Besuchsrecht*］、交際する権利だけである。彼らは地球の表面を共同で所有している［*das Recht des gemeinschaftlichen Besitzes*］

ために、そうした権利をもっている。地球は丸いので、彼らは無限に拡散することができず、それゆえ、たがいの存在を結局は認め合わなければならないのである」(Kant［1795］1923, 443; cf. 1949, 320)。

カントは、彼が客人の権利《ガストレヒト》と呼んでいる「永遠の訪問者である権利」と「一時的な滞在の権利」(*Besuchrecht*)を区別している。永遠の訪問者である権利は、他者に道徳的に尽くされるものや、彼が法的に付与されるものを越えて、任意で決められる特別な同意をつうじて授けられるものである。それゆえ、カントはこれを「恩恵の契約」(*wohltätiger Vertrag*)と名づけている。それは共和制的な主権者が、自らの領分をわきまえ、いくつかの役割を果たし、それぞれ自らの国家を代表し、長期にわたる貿易などに携わっている外国人に授けることのできる特別な恩典である。外国人に居留権、財産の獲得、就業を認めていた革命前のフランスの恩典法は、これにふさわしい歴史的な事例であろう。オスマン帝国、中国、日本、インドが一八世紀以後、西洋人に与えていた特別な貿易許可もまたそうである。一五世紀のスペインでの異端審問による迫害以後、北部へと、オランダ、イギリス、ドイツ、その他の領土へと広がっていった前近代のユダヤ人は、永遠の訪問者である権利だけでなく、歓待の権利も適用される地位にあった主要な集団のひとつであった。

歓待の権利は、それを拒否することが他者の破滅、カントの言葉では *Untergang* を引き起こしかねないならば、そうすることのできない一時的な居留の要求を意味している。カントによれば、宗教戦争の犠牲者、海賊行為もしくは難破船の犠牲者に滞在を認めないことは、そうした拒否が彼らの死亡につながるかもしれないときは擁護することができない。カントの議論ではっきりしないのは、こうした諸国民や諸国家の関係が、道徳的責務の要請を越えた功徳の行為を表わしているのか、それとも「他者の人格における人間性の権利」の承認に関する、ある種の道徳的主張を含んでいるのかということである。

ここに、今日にいたる庇護や避難の権利をめぐる議論に影響を及ぼしている、法的および道徳的な両義性をみることができる。庇護や避難の権利は、われわれのたがいの人間性にもとづいた、何かしら相互的な道徳的義務であるという意味において「権利」であるのか。それとも、これらの権利は、個人や集団がたがいに守り、とくに主権的な国民国家に従わせることのできる行動を強制しうる規範であるという法的な意味においてそうであるのか。カントの説明は明確な解答を与えてはいない。歓待の権利が潜在的な法的帰結をともなった道徳的要求を含意するのは、外国人に一時的な居留を認める受け入れ国の義務が、共和制的な世界政治の秩序に係留されている場合においてである。しかし、こうした秩序は自らを統治する最高の執行法をもっていない。この意味において、外国人やよそ者を歓待する義務を強制することはできない。それは政治的主権者の自発的に担われる義務にとどまっている。要するに、歓待の権利は共和制的な世界政治の秩序のあらゆるディレンマを表現している。すなわち、任意の公約によって、そして最高の執行権をもった圧倒的な主権的権力の存在しない状態で、どのようにして何ほどか法的に強制力のある義務を生み出しうるのかということである。

しかし、カントの「一時的な滞在の権利」の正当化は、実際どのようなものなのだろうか。この要求は、どうして共和制的な主権者の意志を拘束するのだろうか。「一時的な滞在の権利」（*Besuchsrecht*）を考察するとき、カントは二つの異なる前提を用いている。ひとつの前提は、あらゆる人間（*allen Menschen*）の交際する能力、ドイツ語では *sich zur Gesellschaft anzubieten*（Kant［1795］1923, 443）にもとづいて、一時的な滞在の権利を正当化するものである。もうひとつの前提は、「地球の表面の共同所有」

(*gemeinschaftlichen Besitzes der Oberfläche der Erde*)(ibid.)という法的な概念構成に訴えたものである。カントはこの第二の原理に関して、外国人やよそ者に土地とその資源を享受する要求を認めないことは、それが平和的に、もともとの住民の生活や幸福を脅かさずに行なわれうるときは不当である、と指摘している。

地球の共同所有と称されるものの法的な概念構成は、古いヨーロッパの法学において連綿とした名誉のある先例をもっているのだが、ここでの文脈では両刃の剣として機能している。一方において、カントは、この概念構成が西洋の植民地主義的な拡張を正当化するための弁明として使われるのを避けたいと考えている。他方において、地球の表面は限られているのだから、われわれは何らかの点で、その資源を他者とともに享受することを学ばなければならないという主張のもとに、人間がたがいに市民的な結合に参加する権利を基礎づけたいとも考えている。

カントの第一の懸念を理解するために、ここではジョン・ロックの『市民政府に関する第二論文』での議論を振り返ることにしよう。「当初、神は地球をともに享受するものとして人間に与えた」(Locke [1690] 1980, 19)。地球はそれが専有されるまでは、万人に属し、だれにも属さない無主物であった。しかし、地球がすべての人間の共有物であると論じることは、実際のところ、すでに土地に定住した共同体間で、歴史的に存在してきた所有関係を無視することでもある。したがって、所有権を要求するときの弁明は、それを合法化する歴史的な権原から、共同体に共同で帰属していたものが、やがて「我のもの」あるいは「汝のもの」として所有されるにいたった、その専有の様式へと移ったのである。

ロックは明らかに循環的な論法で、私有財産は専有の手段がそれ自体私的であるという事実をつうじて生まれる、と主張している。「彼の身体の労働、彼の手の働きは、まさしく彼のものであるといってよい……これには彼自身のほかにだれも権利をもたないのである」（ibid.）。一七世紀におけるヨーロッパのアメリカ大陸への拡張という文脈において、ロックの議論はその土地の植民地的な専有を正当化するのに役立つものであった。彼は、万人に「共通に」与えられている地球の専有は、それが勤勉な人々や欲深くない人々によって、現存する住民に危害をもたらすことなく、実際に万人の利益にかなうよう専有されるのであれば正当化されうる、と主張していたのである（Tully 1993）。

カントはこうしたロック的な形式の無主物テーゼを明白に拒否し、その公式が帝国主義の猛威に抵抗することのできない、非ヨーロッパ系の民族を収奪するという目的をこっそりと隠蔽したものであるとみなしている（Kant［1795］1994, 107; Muthu 1999, 2000 も参照）。それゆえ、彼はヨーロッパの交易者を隔離しようとした中国人や日本人の試みを支持していたのである。それでは、「地球の共同所有」という前提は、実際のところ何を正当化しているのであろうか。地球が専有されてしまうと、他者はもはや、その所有を主張することができない。現存する所有関係は尊重されなければならない。そうであるならば、すべての共同体は領土に入ろうとする人々から自らを守る権利をもつであろう。これもまた実に曖昧な公式だが、歓待を求めている人々を追い返すことが「彼らの破滅」を生じさせないという保証を別にすれば、他者の緊急の必要は現存する主権的な共同体の意志を折り曲げるのに十分な根拠にはならないであろう。「地球の共同所有」という主張は、残念ながらコスモポリタン的権利の基礎を解明することには役立たないのである。

地球の球面性とコスモポリタン的権利

カトリン・フリックシューは『カントと近代政治哲学』のなかで、地球の原初的な共同所有と、とくに地球（*der Erdkugel*）の限られた球面的な性格が、カントのコスモポリタン的権利の正当化において、私が主張しているよりもはるかに根本的な役割を果たしていると論じている。フリックシューの議論は何ほどか詳しく考察するに値するものである。フリックシューはカントの「永遠平和」論文ではなく、『人倫の形而上学』の前半部を構成する「法論《レヒツレーレ》」にもとづいて、そうした解釈を行なっている。以下の二つの文章がここでは重要である。

> 地球の球面的な表面は、その表面にあるすべての場所を結びつけている。なぜなら、もしその表面が無限の平面であるならば、人々はその上で分散し、たがいにいかなる共同体にも入らず、そして共同体は地球における彼らの存在の必然的な結果とはならないからである（Kant［1797］1922, 66; Flikschuh 2000, 133 での引用）[2]。

> 地球の表面は無限ではなく、閉じられているので、〈国家の法〉および〈諸国家の法〉の概念は必然的に〈すべての諸国民のための法〉（*ius gentium*）あるいは〈世界市民の法〉（*ius cosmopoliticum*）の

〈理念〉へと発展する。したがって、もし法によって限定された外的自由の原理がこれらの三つの考えられる適法的な条件のいずれにも欠けているならば、すべての他者のための枠組みは不可避的に決定されず、結局は崩れてしまうであろう（Kant［1797］1922, 117–118; Flikuschuh 2000, 179 での引用）。

「永遠平和」論文と「法論の形而上学的定礎」におけるカントのより難解で、より緻密な議論とのあいだに存在する不一致を詳しく探求しないとすれば、ここでの目的にとってもっとも重要な問いはこうである。カントはコスモポリタン的権利を、地球の表面の球面性という事実から導出もしくは演繹しようとしていたのか。カントの道徳的議論において、この事実の地位はどのようなものであるのか。もし実際にカントが地球の球面性を正当化の前提として用いていたと想定すれば、カントは自然主義的な誤謬を犯していると結論づけられなければならないのではないか。いたるところの城がすべて砂上のもとに築かれているからといって、私の城もそのように築かれているということにはならない。同じように、ある場所で、何らかの地点で他の人間と接触しなければならず、彼らから永遠に逃れられないからといって、そうした接触において、すべての人間に与えられるべき尊重と尊厳をもって、彼らを扱わなければならないというわけではないのである。

実際には、フリックシューも地球の表面の球面性が正当化の前提であるとは主張していない。「地球の球面的な表面は、人間が自らの選択や行為の自由への要求を表明するために制約される、そうした可能な行為のための経験的な所与の空間である。……それどころか、地球の限界は、人間主体が可能な

〈権利〉の関係を確立するために制約される、経験的な現実という客観的な所与の避けがたい条件を構成しているのである」（Flikschu 2000, 133）。地球の球面的な表面は正義の環境を構成するが、コスモポリタン的権利を基礎づける道徳的正当化の前提としては機能しない。フリックシューが述べているように、「正義の環境」とは実際に「われわれの可能な行為の条件」を定義するものである。だれもが道徳的存在であり、身体的に同じ種の成員であり、自らの生存を保証する同じ基本的な必要によって苦しめられているという事実が、われわれの正義に関する推論における制約条件を構成しているように、地球の表面の球面性は、カントにとって「外的自由」を制限する条件として機能しているのである。このことは「したがって、もし法によって制限された外的自由の原理が、これらの三つの考えられる法＝権利の条件のいずれにも欠けているならば……」（Kant［1797］1922, 118）というカントの文章からも十分明らかであろう。「外的自由の原理」は、コスモポリタン的権利の確立へと発展する議論での正当化の前提となっている。しかしながら、対外的な自由を行使するということは、早晩、何らかの状況のもとで、われわれが境界線を越えて、よその土地や文化からやって来た仲間の人間と接触しなければならないということを意味しているのだから、つぎのようなことが認められなければならないであろう。第一に、地球の表面は個別の共和国の領土へと割り当てられるであろうということ(3)、第二に、共和国内部および共和国間の交流を規制する法＝権利の条件が必要であるということ、そして最後に、それらの条件は歓待と一時的な滞在の権利にかかわっているということである。次節では、カント的な外的自由への権利という概念の再構成が、カント自身が提示したものよりも拡大的なコスモポリタン的権利の体系へとつながることを示したいと思っている。

カントの「一時的な滞在」概念の現代的意義

最初の入国はその拒否がそれを求めている人々の「破滅」(*Untergang*)にいたるかもしれない場合は拒否されえないというカントの主張は、「強制送還禁止」の原則として「難民の地位に関するジュネーヴ条約」に組み込まれている(United Nations 1951)。この原則は署名国に対して、難民や庇護申請者を出身国に強制的に送り返すことが、彼らの生命や自由に明白な危険をもたらす場合には、そうしてはならないということを義務づけたものである。もちろん、主権国家はこの規定を操作し、自らの目的に合わせて生命や自由を何ほどか狭く定義することができるので、難民や亡命者をいわゆる安全な第三国に委ねることで「強制送還禁止」の条項を迂回することも可能である。カントの公式は、自らのなかで避難を求めている人々への国家の道徳的義務と、それ自身の幸福や利益への国家の道徳的義務との兼ね合いを明らかに見越しており、しかもそれを正当化するものであった。入国の権利を認めないと難民の生命や身体が危険にさらされることがもっとも明白である事例を除けば、こうした他者の道徳的必要と正統な自己利益という二つの主張の辞書的な配列は曖昧である。したがって、そうした事例を別にすれば、訪問者の自由と幸福を尊重する義務は、それが差し向けられる主権国家の側の狭い解釈を許すもので、必ずしも無条件の責務とはみなされていないのである。

あらゆる人間に与えられるべき普遍的な歓待の権利は、生命、身体、安寧が危険にさらされている人々を助け、彼らに保護を提供する不完全な道徳的責務をわれわれに課している。この責務が「不完全」である、すなわち条件的であるというのは、それが例外を許容し、自己保存という正統な根拠によって覆されうるという点においてである。他者を保護することが自分自身の生命や身体を危険にさらすときは、そうする義務は存在しない。他者への義務がどれくらい広く、あるいは狭く解釈されるべきかということが道徳哲学では議論されているが(4)、自己保存という正統な根拠をどのように理解すべきかというのも同じように論争的である。困窮者を送り返すことが道徳的に認められうるのは、彼らがわれわれの文化的な道徳観を変えてしまうと考えられているからであろうか。文化の保存は自己保存の正統な基礎を構成しているのであろうか。多数の困窮した人々をわれわれの領土に入国させることが、われわれの生活水準の低下をもたらすとすれば、庇護を拒否することは道徳的に容認されうるのであろうか。そして、どの程度の幸福の減少であれば、それが迫害された人々、困窮した人々、抑圧された人々の入国を拒否する根拠として引き合いに出されずに、道徳的に許容されうるのであろうか。政府は難民および庇護政策を公式化するにあたって、こうした完全な責務と不完全な責務との区別をしばしば暗黙のうちに利用し、その一方で、人権団体および庇護と難民の運動家たちは、差し迫った必要に迫られた人々を歓待する義務が、自己に関する利益だけで妥協されるべきではないことを示すことに関心をもっている。第3章では、国境を越えた義務をめぐる問いに立ち戻り、正統な自己保存と他者への責務という狭い二分法の観点からの、こうした義務の構成が不十分であることを論じるつもりである。諸国民および諸国家からなる国際関係の体系は、あまりにも広大な相互依存と歴史的な運命の交差によって特徴づけられているので、われわれの仲間である人間への特殊かつ一般化された道徳的義務は、領土的に区切られた国家中心的な体系をはるかに越えている。したがって、私は国境を越えた義務について論証するのにうってつけの視点として、世界社会という視座を擁護するつもりである。

　こうしたカント批判は時代錯誤的であると反論されるかもしれない。というのも、カントのコスモポリタン的権利の公式化を動機づけたものは、安全な場所を求めている貧しい人々、弾圧された人々、迫害された人々、抑圧された人々の必要への配慮ではなく、ほかの民族との接触を求め、世界のほかの部分の豊かさを専有しようとした、ヨーロッパ人の啓蒙的な関心だったからである。人間的な交際を求める権利、あるいはドイツ語の文字どおりの翻訳によれば、「自らを他者との市民的社交体［*Gesellschaft*］に委ね」、入国（*Eingang*）というよりも「接近」（*Zugang*）を求める権利は、カントにとって基本的な人権である。これは無主物テーゼとは区別されなければならない。実際のところ、人間的な交際を求める権利は、世界市民《ヴェルトビュルガー》であることが意味するものの核心にある。まさしく啓蒙的な手法で、カントは船やラクダ（彼は後者を「砂漠の船」と呼んでいる）を、それらが距離を縮め、地方共同体間の障壁を取り除き、人類をひとつにするものとして礼賛している。「先住者と交流しようと試みることの可能性」、あるいは、いまだ探求されざる交流《フェアケール・ツー・ズーヘン》を否定することは、コスモポリタン的権利に反している。商業的な接触だけでなく、宗教的、文化的、そして金融的な接触にも拡大しうる、このいまだ探求されざる交流《フェアケール・ツー・ズーヘン》という用語は、たとえ地球の表面を包囲しようと試みる西洋列強の動機が誉められたものではなかったとしても、ほかの民族や文化との増大した接触をつうじて「人類はしだいにコスモポリタン的体制（*eine weltbürgerliche Verfassung*）へとより近づけられるであろう」（Kant［1795］1923, 444;［1795］1994, 106）というカントの希望を図らずも表わしているのである。

カントの焦点はなるほど歴史的な理由から一時的な滞在の権利にあてられているのだが、ここでの関心は、彼が一時的な滞在の権利と永遠の居留の権利とのあいだで示している、架橋しがたい裂け目にある。前者は権利であり、後者は特権である。よそ者に前者を付与することは共和制的な主権者の義務であるが、後者を認めることは「恩恵の契約」である。よそ者や外国人の権利は、他人の領土での生活手段の平和的な追求を越えるものではない。それでは、政治的成員資格への権利についてはどうであろうか。もしあるとすれば、いかなる条件のもとで、客人は共和制的な主権者の成員となりうるのか。主権者の境界線はどのように画定されるのか。カントは人類のすべての成員が市民的秩序の参加者となり、たがいの合法的な結合の状況へと介入する世界的な条件を思い描いている。しかし、この合法的な市民的共存の条件は、共和制的な政体における成員資格と同じものではない。カントのコスモポリタン的な市民は、それが完全に市民であるためには、依然としてそれぞれの個別の共和国を必要としているのである。こうした理由から、カントは非常に注意深く「世界政府」と「世界連邦」を区別している。「普遍的な君主制」に行き着くしかないと彼が論じている「世界政府」は「魂なき専制」であるが、「連邦制的な統合」(*eine föderative Vereinigung*) は境界づけられた共同体内での市民資格の行使を依然として容認しているのである (Kant [1795] 1923, 453; 1949, 328)(5)。

われわれは曖昧なカントの遺産を残されている。自由主義者たちは「他者の破滅」という文言により多くの条件を、たとえば経済的厚生の考慮といったものを組み込むことで、最初の受け入れの義務が適用される環境を拡大しようと試みているが (Kleingelt 1998, 79–85 参照)、市民的共和主義者や国家主権の擁護者たちは、国民国家が自らの国境を取り締まる権利を正当化するために、カントによる世界政府批判や主権者の成員資格を付与する大権の強調を引き合いに出している（Martens 1996, 337–339）。カントはヨーロッパの帝国主義を容認しなかったが、自らの時代の商業的で海運的な資本主義の拡張については、その展開が人類をより近い接触へと向かわせるかぎりにおいて正当化したいと考えていた。歓待というコスモポリタン的権利は、ある人に平和的な一時的滞在の権利を与えるが、滞在を求められている人々を優越した力で略奪し、搾取し、征服し、制圧することを認めるものではない。しかし、コスモポリタン的権利が権利であるのは、それがそれぞれの人格の共通の人間性と、自らの文化的、宗教的、自民族中心的な壁を越えて旅する自由も含んだ、彼または彼女の意志の自由にもとづいているからにほかならないのである。

カントのコスモポリタン的遺産

カントの一時的滞在というコスモポリタン的権利の構築と正当化は、以下の多くの議論にとって参照点を形成するであろう。カントの「永遠平和」論文は二つの主権概念の分水嶺を示し、第一のものから第二のものへと移行するための道を切り開いた。この二つの概念は「ウェストファリア的主権」と「自由主義的な国際的主権」（Held 2002, 4–6; Krasner 1999, 20–25 参照）と名づけることができる。古典的なウェストファリア的主権体制において、諸国家は自由で平等である。それらは画定された領土内のあらゆる客体と主体に対する最高の権威をもっている。ほかの主権体との関係は任意的かつ偶然的で、その種類と規模においては、軍事的および経済的な移ろいやすい同盟と文化的および宗教的な類縁関係に限定されている。とりわけ、諸国家は「越境のプロセスを直接それに影響された人々だけに関係する『私的な問題』とみなしている」（Held 2002, 4）。

これとは対照的に、自由主義的な国際的主権という概念においては、諸国家の形式的な平等は人権の遵守と法の支配、そして民主的な自己決定の尊重といった共通の価値および原則への同意に、しだいに依存するようになっている。主権はもはや最高の恣意的な権威を意味するものではない。いくつかの規範を侵害して自らの市民を扱い、国境を閉ざし、自由市場を妨害し、言論や結社の自由を制限するような国家は、諸国家もしくは諸同盟からなる特定の社会のなかに属さないものとみなされる。そこでは、国内の原則を他国のものと共有された制度に係留することが重要とされている。

「永遠平和」の第一確定条項が「あらゆる国家の政治体制は共和制的でなければならない」と謳っている以上、たしかにカントはウェストファリア型の主権と自由主義的＝国際的類型の主権の中間にいるとみなすことができる。自由で平等な諸国家の体制は共和制的でなければならないという要求は、これらの国家に共和制的な統治の三つの条件を課すものである。それは⑴社会の全構成員の（人間としての）自由、⑵単一の共通の法律への各人の（臣民としての）従属、⑶各人の（市民としての）法的平等の原則である（Kant［1795］1923, 434–443;［1795］1994, 99–105）。その正確な政治的形態がいかなるものであれ、カントによって構想された諸国家の同盟（*das Völkerbund*）は、まず何よりも、これらの原則に同意した主権的な共和国間の連合である。

カントは、国家の主権性の承認が国内の体制に左右されるとまではいっていない。カントはまた、進歩的な理念を拡大するために企図された「人道的介入」についても、ひとつの事例、すなわち内戦および現存する権威の崩壊という事例を除いては容認することもないであろう。これはカントの「国家間の永遠平和をめぐる予備的条項」の第五のものである（Kant［1795］1923, 430;［1795］1994, 96）。また、女性、召使い、無産の奉公人が「国家の受動的部分」と名づけられ、その法的な地位が男性の戸主に依存させられているという点で、カントの自由主義は現代のより普遍主義的な理解ほど強いものではない。それにもかかわらず、共和制的な体制が「あらゆる種類の政治体制の原初的な基礎である」（Kant［1795］1923, 435;［1795］1994, 100）と規定し、国家間の平和をそれらの国内的な体制に結びつけているという点において、カントは主権のウェストファリア的な理解から自由主義的な理解への道を開いていた。また、コスモポリタン的権利を説明するうえで、旅人、探検家、難民、亡命者の必要から生じた越境的な関係に、非常に重要な役割が与えられていたことも注目に値する。

カントは、万人に一時的な滞在を提供する普遍主義的な道徳性の命令と、そうした一時的な滞在を正規の成員資格にまで拡大しない、共和制的な主権者の法的大権との緊張関係を明らかに区分していた。ここではカントに反して、一時的な居留民の成員資格への権利は、普遍主義的な道徳性の原理に沿って正当化されうる人権とみなされなければならないと論じてみよう。長期の成員資格が付与されうる期間と条件は、依然として共和制的な主権者の大権である。しかし、ここでも差別の禁止、移民の適正手続きの権利といった人権上の制約が尊重されなければならない。何らかの編入の基準を規定する国家の大権は拒否されえないが、どれが道徳的な立場からみて容認しがたい編入の実践で、どれが道徳的に公平な、すなわち道徳的な視点からみて中立的な編入の実践なのか、ということが問われなければならないのである。

カントの公式のおかげで、近代の革命期における普遍主義的かつ共和制的な主権性の理念の構造的な矛盾をとらえることができた。最後に、こうした矛盾を「民主的正統性の逆説」と名づけ、それを体系的に説明することにしたい。

民主的正統性の逆説

理念的にいえば、民主的な支配は、主権的統一体のすべての成員が人権の担い手として尊重され、この主権者からなる同胞たちが自由に結合して、各人が法の起草者であると同時にその従属者でもあるとみなされる、自己統治的な体制を確立することを意味している。ジャン゠ジャック・ルソーによって定式化され、カントによって採用されたように、この原初的な契約の理念は、近代の民主制の論理をとらえるのに実践的に役立つ装置である。その古代の対応物とはちがって、近代の民主制は自らの市民を権利を担った同胞とみなしている。市民の権利は「人間の権利」に依存している。「人間および市民の権利」はたがいに矛盾するものではない。それどころか、それらはたがいに絡み合ったものである。これはアメリカとフランスの例にならった、近代の民主主義革命の理想化された論理である。

民主的な主権者は自らの正統性をたんに憲法制定の行為からだけでなく、それと同じくらい重要なことに、その行為の普遍的な人権原理への適用からも引き出している。この原理はある意味において主権者の意志に優先し、先行するといわれており、主権者はそれに従って自らを拘束することを約束する。「われわれ国民」とは、空間と時間において画定され、特定の文化、歴史、遺産を共有する、特定の人間共同体を指し示すものである。しかし、この国民は「普遍的なもの」の名のもとで行為することで、自らを民主的政体として確立している。普遍的人権の要求と個別主義的な文化的および国民的アイデンティティとの緊張が、民主的正統性を構成しているのである。個別の市民的共同体のなかで画定された近代の民主制は、普遍的な原理の名のもとで行為する。ユルゲン・ハーバーマスの言葉によれば、これは「近代国家のヤヌスの顔」である（Habermas 1998, 115）。

しかしながら、ルソー以後、民主的な国民の意志は正統ではあるが不当でもあり、満場一致的ではあるが愚かでもありうることが知られている。「一般意志」と「全体意志」は、理論においても、実践においても重なり合うことはない。民主的な支配と正義の要求はたがいに矛盾することもある。普遍的人権、すなわち生命、自由、財産への理想的な忠誠のもとで表明された民主制の先行的な公約は、民主的な志向をもった現実の政体のなかで繰り返し実現され、繰り返し交渉されなければならない。主権者の宣言された公式に先立つこれらの権利要求の解釈と、そうした解釈を潜在的に蹂躙しうる民主的な国民の現実の立法行為とのあいだには、つねに対立の可能性がある。政治思想の歴史では、こうした対立を目にすることができる。たとえば自由主義と民主主義との対立、さらには立憲主義と国民主権との対立がそうである。いずれの場合も、その対立の論理は同じである。民主的な主権者が、何らかの形式的および実質的な権利解釈への先行的な公約によって、自らの意志へのいくつかの制約を支持することを保証すること。自由主義の理論家と民主主義の理論家は、これらの混合の適切なバランスに関して、たがいに食い違っている。確固たる自由主義者は人権の一覧表への先行的な公約をつうじて主権的な意志を拘束したいと考えているが、確固たる民主主義者はそうした政治に先行する権利の理解を拒否し、いくつかの限界はあるにせよ、それらが主権的な国民による再交渉と再解釈に開かれなければならないと論じている。

だが、こうした民主的正統性の逆説は、あまり言及されることのない系列的な課題をもっている。あらゆる自己立法の行為は、自己構成の行為でもある。自らをこれらの法によって拘束することに同意した「われわれ国民」は、その自己立法の行為それ自体において自分自身を「われわれ」として定義してもいる。このプロセスにおいて表明されているのは一般的な自己統治の法だけではない。自らをこれらの法によって拘束する共同体は境界線を引くことで自らを定義しており、それらの境界線は領土的であると同時に市民的なものでもある。民主的な主権者の意志は、その管轄のもとにある領土にしか及ばない。民主制は国境を必要とする。帝国には辺境があるが、民主制には国境がある。帝国的な統治とはちがって、民主的な支配は何らかの特定の有権者の名のもとで行使され、その有権者のみを拘束する。それゆえ、主権者は自らを領土的に定義すると同時に、自らを市民的な観点からも定義するのである。主権的統一体の正規の成員である人々は、「その保護のもとにある」が、「正規の成員資格への権利」を享受していない人々とは区別される。女性や奴隷、召使い、無産の白人男性、非キリスト教徒や非白人系の人種は、この主権的統一体の成員資格から、そして市民資格のプロジェクトから歴史的に排除されてきた。カントの有名な言葉によれば、彼らはたんなる「国家の受動的部分」でしかなかったのである(Kant［1797］1922, 121;［1797］1994, 140)。

市民的共同体の境界線には二種類のものがある。一方で、これらの境界線は、政体内では二級市民の地位を付与されているが、文化的、家族的、宗教的な愛着のために主権的な国民の成員とみなされうる人々の地位を定義している。普通選挙権が適用されるまでの女性や財産のない男性は、このカテゴリーに入っていた。これらの集団の地位は、二級の地位を付与されているだけでなく、関連するアイデンティティにもとづいた基準のために主権的な国民にも属していない、それ以外の居留民のものとは異なっている。たとえば、南北戦争後までの、そして黒人にアメリカ合衆国の市民資格を認めた一八六五年の合衆国憲法修正第一四条の宣言（一八六八年に採択）までの、アフリカ系アメリカ人奴隷の地位がそうであった。また、部族的な主権を付与された先住アメリカ人の地位もそうであった。合衆国を形成した最初の一三の植民地においてユダヤ教を信仰していた人々の地位は、「国家の受動的部分」から一人前の市民への移行のひとつとして説明されるであろう。

これらの集団に加えて、国民として定義される必須のアイデンティティ基準をもたないために、あるいは別の国家に属しているために、あるいは自ら外部者であることを選んでいるために、正規の市民権を享受しない国家の居留民もいる。これらは民主的な国民のただなかにいる「外国人」や「よそ者」である。彼らの地位は女性や労働者といった二級市民とも、奴隷や先住民とも異なっている。それは他国の領土における国家権力の公式の代表者の場合のように、主権国家間の相互条約によって管理されている。そして、彼らが民間人で、経済的、宗教的、あるいはそれ以外の文化的な理由から市民のなかで生活しているとすれば、彼らの権利と要求は一方で人権への尊重によって、他方で国際的な慣習法によって画定された曖昧な空間のなかに存在するであろう。たとえば、宗教的な迫害から逃れた難民、商人や宣教師、移民や冒険者、探検家や山師などがそうである。

ここでは、一般的な理論的観点から、民主的正統性の逆説の輪郭を描いてきた。この逆説は共和制的な主権者が、通常「人権」と呼ばれる形式的および実質的な規範への一連の先行的な公約によって、自らの意志を拘束しようと企てたことである。女性、奴隷、無産の男性といった「国家の受動的部分」であれ、従属的な民族や外国人であれ、他者とみなされる人々の権利と要求は、それゆえ、一方では人権の要求によって、他方では主権の要求によって包囲された地形のもとで交渉される。

以下では、この逆説は民主制にとって完全に解消されえないが、その衝撃は人権と主権的な自己決定への二重の公約の再交渉と反復をつうじて緩和されうることを論じるつもりである。法に従う人々がその起草者でもあることを意味する国民主権は、領土的な主権と同じものではない。国民的な主権者としてのデモス〔市民〕は特定の領域への支配を主張しなければならないが、その一方で再帰的な自己構成の行為にかかわることもできる。そして、そうすることでデモスの境界線も見直されうるであろう。市民資格が分解されている時代の成員資格の政治は、正規の成員資格への権利、民主的な発言権、そして領土的な居留権の複雑性を交渉することにかかわっているのである。

2 「権利をもつ権利」

――国民国家の矛盾をめぐるハンナ・アレント

前章では、カントのコスモポリタン的権利をめぐる公式と弁明を分析し、そのテクストでは以下の前提のどちらがコスモポリタン的権利を正当化しているのかが明らかにされていないことを論じてきた。それは人間の自由への要求の拡大と実際みなされうる人間的な結合を求める権利であるのか、それとも地球の表面の球面性という前提と地球の共同所有という法的虚構なのだろうか。とはいえ、カントのコスモポリタン的権利をめぐる議論は、その欠点がいかなるものであれ、政治思想の歴史のなかに新しい地形を描き出している。カントは国内の憲法と慣習的な国際法とのあいだに、法的および道徳的な意味での権利の領域を公式化することによって、この世界の諸国家が、二つの世界戦争が終わってようやく乗り出そうとした地勢を図形化していたのである。カントは永遠の居留権(客人の権利《ガストレヒト》)の付与が、自己統治的な共和制的共同体の特権であることに関心をもっていた。帰化は主権的な特権である。帰化の反面は「国籍剥奪」あるいは市民資格の地位の喪失である。

カント以後、コスモポリタンの法の曖昧な遺産に目を向け、領土的に基礎づけられた主権国家体系の核心にある逆説を詳しく分析したのは、ハンナ・アレントであった。二〇世紀の偉大な政治思想家のひとりであるハンナ・アレントは、「政治的な悪」と「無国籍であること」の双子の現象が、二一世紀になっても恐ろしい問題でありつづけるであろうと論じていた（Arendt 1994, 134;［1951］1968; Benhabib［1996］2003 参照）。アレントはつねづね、全体主義の根源的な原因のひとつに、二つの世界戦争におけるヨーロッパの国民国家体系の崩壊があると主張していた。人間的な生への全体主義的な無視と、その結果として引き起こされた「余分な」存在としての人間の扱いは、ハンナ・アレントにとって、何百万もの人間が「無国籍」状態に置かれ、「権利をもつ権利」を否定されたときに始められた。無国籍であること、すなわち国籍上の地位の喪失は、彼女の議論によれば、あらゆる権利の喪失に等しい。無国籍者たちは市民権を奪われているだけではない。彼らはいっさいの人権を奪われている。近代のブルジョワ革命がとても鮮明に描き出した人間の権利と市民の権利は深く重なり合ったものであった。それゆえ市民権の喪失は、すべての人権宣言に反して、政治的には人権そのものの喪失につながるのである。

本章は、アレントの貢献の検証から始められる。そのあとで、なぜ帰化への権利も、国籍剥奪の大権も、それだけでは主権的な特権とはみなされえないのかを示すことを目的とした、一連の体系的な考察が展開される。前者は普遍的な人権であるが、後者の国籍剥奪はその廃棄である。

帝国主義と「人間の権利の終焉」

当初、イギリスで一九五一年に『われわれの時代の重荷』として出版された『全体主義の起源』のなかで、アレントはこう述べている。

自分が生まれた共同体への帰属がもはや自明ではなくなり、帰属しないことがもはや選択の問題ではなくなったとき、あるいは、犯罪を起こさないかぎり、他者による処遇が自分のしたことやしなかったことに関係なく行なわれるような状況に置かれたとき、市民の権利である自由や正義よりもはるかに根本的なものが危うくなっている。こうした極限性、それ以外に何もないことは、人権を奪われた人々の状況である。彼らは自由への権利だけでなく、行為への権利も、何であれ好きなことを考える権利だけでなく、意見の権利も奪われている。……新しい世界的な政治状況のために、これらの権利を失い、取り戻すこともできない何百万もの人々が現われるときのみ、われわれは権利をもつ権利（それは人が自らの行為と意見によって判断される枠組みのなかで生きることを意味している）と、何らかの種類の組織化された共同体に帰属する権利の存在に気づくようになるのである（Arendt［1951］1968, 177. 強調は引用者による）。

「権利をもつ権利」という語句と、すべての人間が「何らかの共同体に帰属する」権利の承認を求めたアレントの声高な訴えは、「帝国主義」と題された『全体主義の起源』第二部の終わりで提起されている。アレントの哲学的な意図を理解するためには、この議論の大まかな筋道を追わなければならないであろう。「帝国主義」の最初の節で、アレントはヨーロッパの「アフリカ争奪」を検証している。彼女の主張は、アフリカとの遭遇がベルギー、オランダ、イギリス、ドイツ、フランスといった白人国家に、通常、自国での権力行使を統制している道徳的な限界を、国外で逸脱させることを可能にしたというものである。アフリカとの遭遇において、文明化された白人男性は、彼らが遭遇した「野蛮人」を強奪し、略奪し、焼き打ち、レイプすることで、非人間性のレヴェルにまで後退した。アレントはジョゼフ・コンラッドの有名な小説『闇の奥』をこうした遭遇の比喩として使っている。この「闇の奥」はアフリカのなかだけにあるのではない。二〇世紀の全体主義は、この闇の中心をヨーロッパ大陸それ自体にももたらした。アフリカで学ばれた教訓は、ヨーロッパの奥地においても実践されたように思われるのである。

ヨーロッパのアフリカ争奪にヨーロッパ全体主義の、とくに人種根絶政策の何ほどか遠い起源を位置づけようとしたアレントの試みは、歴史的にも哲学的にも十分探究されてはいないかもしれないが、卓越したものである。この議論の全体をつうじて、彼女は法の支配の崩壊を例証するものとして、いくつかの際立った歴史的エピソードを検証している。イギリスのインド支配、そしてフランスのエジプト支配においてみられた、秘密裡の行政的決定や帝国主義的操作をつうじた市民の同意という理想の破壊。アフリカの植民地化によって証明された、人間性のほかに共通するものをもたない人間の相互行為を統制する人権という原理の脆弱さ。ブルジョワ階級の略奪的な欲望のための国民国家の道具化。これらはヨーロッパのすべての大国が多かれ少なかれ参加した実験であった。ヨーロッパの「アフリカ争奪」から始まる彼女の帝国主義論は、「国民国家の没落と人間の権利の終焉」で閉じられている。

一九九〇年代半ばの旧ユーゴスラヴィアの内戦後、その現代的展開への重要性が残念ながら明白になった分析をつうじて、アレントは第一次世界大戦後に生じた国籍および少数民族の問題に引きつづき目を向けている。ロシア、オスマン、オーストリア゠ハンガリーの多民族的で多部族的な帝国の解体とドイツ帝国の敗北は、とくに東中欧の領土に宗教的、言語的、あるいは文化的な同質性をもたない国民国家の出現をもたらした。これらの帝国の継承国家である、ポーランド、オーストリア、ハンガリー、チェコスロヴァキア、ユーゴスラヴィア、ブルガリア、リトアニア、ラトヴィア、エストニア、そしてギリシャとトルコの共和国は、多数のいわゆる国内少数民族が居住する領土を支配することになった。一九一九年六月二八日、ウッドロー・ウィルソン大統領と連合国および提携国とのあいだで、当時のポーランドの全住民のおよそ四〇パーセントを構成し、ユダヤ人、ロシア人、ドイツ人、リトアニア人、その他から成り立っていた少数民族の権利を守るために、「ポーランド少数民族条約」が締結された。これと同じように「自国の少数民族に市民的および政治的平等、文化的および経済的自由、そして宗教的寛容を誓った」（Fink 1972, 331）一三の協定が、当時さまざまな継承政府とともに締結された。しかし、「国内少数民族」をどう定義すべきかについての明白な基準が決定的に欠けていただけでなく、この少数民族の権利保護も実際には敗戦国の継承政府にしか適用されなかった。イギリス、フランス、イタリアは自らの領土への少数民族条約の適用を考慮するのを拒否し、少数民族の権利を何よりも支持しようとする連合国の動機について冷笑的な考えを生み出してさえいた（ibid., 334）。こうした状況は、たとえば、チェコスロヴァキアのドイツ系少数民族は自らの権利の保護を国際連盟に請願することができるが、イタリアの多くのドイツ系少数民族はそうすることができない、という変則状態をもたらしていたのである。また、すべての継承国家におけるユダヤ人の地位も不安定であった。もし彼らが「国内少数民族」であるならば、彼らがそうみなされるのは人種か、宗教か、それとも言語のためであるのか。そして、この少数民族の地位には実際いかなる権利が含まれていたのか。ほんの数例ではあるが、オーストリアのユダヤ人、ロシアのユダヤ人、旧オスマン帝国の領土にあるトルコのセファルディ共同体といった多様な住民には、ヘブライ学校での宗教および教育の自由な実践への権利のほかに、どのような教育的および文化的な権利が付与されたというのであろうか。

アレントにとって、国際連盟内で進行していた不協和とその帰結としての政治的な不条理、いわゆる国内少数民族それ自身のあいだで現われた対立、そして少数民族条約の適用における偽善は、すべて一九三〇年代に起きた展開を予兆するものであった。近代国民国家はすべての市民と居留民に法の支配を行使する機関から、国民だけの道具へと変容しつつあった。「ヒトラーが『ドイツ民族にとって良きことが正しいことである』と表明するずっと以前から、国民が国家を征服し、国益が法よりも優先されるようになっていたのである」(Arendt [1951] 1968, 275)。

法の道具であることから、国民のみに役立つ無法な裁量の道具への近代国家の逸脱は、国家が望まれない少数民族に対する大規模な市民権剝奪に着手し、そうして何百万もの難民、国外追放された外国人、そして国境を越える無国籍の民族を生み出したときに完成された。難民、少数民族、無国籍者および強制移住者は、国民国家の行為をつうじて生み出された特別な人間のカテゴリーである。領土的に境界づけられた国民国家体系において、すなわち「国家中心的な」国際秩序において、人の法的地位はその人が居留する領土を支配し、その人が付与される証明書を交付する最高の権威のもとでの保護に依存している。ある人が難民となるのは、その人が迫害され、追放され、自らの祖国から締め出されるときである。ある人が少数民族となるのは、政体の政治的多数派がいくつかの集団は「同質的」とみなされる国民に属さないと宣言するときである。ある人が無国籍者となるのは、その人がそれまで保護を受けてきた国家がそうした保護から手を引き、その国家が付与してきた証明書を無効にしたときである。ある人が強制移住者となるのは、かつては難民、少数民族、無国籍者とされていたが、もはや自分を成員として認めてくれる別の政体を見つけることができず、どちらも居留民であることを望んでいない領土のあいだでとらわれた、宙吊りの状態に置かれるときである。かくして、アレントはこう結論づけている。

新しい世界的な政治状況のために、これらの権利を失い、取り戻すこともできない何百万もの人々が現われるときのみ、われわれは権利をもつ権利（それは人が自らの行為と意見によって判断される枠組みのなかで生きることを意味している）と何らかの種類の組織化された共同体に帰属する権利の存在に気づくようになるのである。……こうした喪失に対応し、人権のなかで言及されることさえなかった権利は、一八世紀のカテゴリーでは表現されえないものである。なぜなら、それらは権利が人間の「本性」から直接生じると想定しているからである……権利をもつ権利、あるいは各人が人類に帰属する権利は、人類それ自身によって保証されるべきであろう。このことが可能かどうかはけっして定かではない（Arendt［1951］1968, 296–297）。

フランク・マイケルマンが啓発的な論文「『権利をもつ権利』解読」のなかで述べているように、「実際に事態が展開してきたように……権利をもつことは特別な種類の社会的承認と受容の証明書、すなわち、何らかの特定の具体的な政治共同体内でのその人の法的地位の証明書に依存している。権利をもつ権利という観念は近代の国家主義的な条件から生じており、何らかの法執行国家の社会的範囲内での市民資格を、あるいは少なくとも法的人格を求めている、難民やその他の無国籍者の道徳的要求と同等のものである」(Michelman 1996, 203)。しかし、難民や亡命者、外国人労働者や移民が成員として承認されるためには、どのような道徳的要求が提起されなければならないのか。権利をもつ権利においては、どのような権利が必要とされるのであろうか。

「権利をもつ権利」の多くの意味

「権利をもつ権利」という語句を分析することから始めてみよう。この語句の前半と後半における「権利」という概念は、等価なかたちで使用されているのだろうか。権利一般を付与された人格として他者に認められる権利は、そうした承認のあとで与えられる権利と同じ地位のものなのだろうか。明らかにそうではない。この語句の後半の「権利」という語法は人類それ自身に向けられており、われわれに何らかの人間集団における成員資格を認めるよう要請するものである。この意味において、ここでの「権利」という語法は、道徳的命令を呼び起こしている。「すべての人間を、何らかの人間集団に帰属し、同じものの保護を付与された人格として扱え」。ここで呼び出されているのは、成員資格への道徳的要求と、その成員資格への要求と両立しうる何らかの形式の処遇である。

「権利をもつ権利」という語句の前半の「権利」という語法は、この優先的な成員資格の要求のもとで組み立てられている。権利をもつということは、その人がすでに組織化された政治的および法的共同体の構成員であるときは「私はAをする、もしくはしないという要求を行ない、あなたは私がAをする、もしくはしないことを妨げない義務を負っている」ということを意味している。権利要求は個人に一連の行為に関与する、もしくは関与しない資格を与え、そうした資格付与が相互の義務をつくりだしている。権利と義務は相互に関連し合っている。権利論争は共同体の同胞内で起きるのである。こうした権利は同胞内で、つまり、すでに法的共同体の成員として認められた人々のあいだで生まれるので、一般に「市民的および政治的」権利、あるいは市民の権利と呼ばれている。そこで、「権利をもつ権利」という語句の前半の「権利」という語法を法的＝市民的語法と名づけることにしよう。この語法において、「権利」は権利を付与された個人と、それに対応する義務を負わされた他者と、こうした権利の要求と行使を保護する何らかの既存の法機関、たいていは国家およびその装置との三角関係を示唆しているのである。

「権利をもつ権利」という語句の後半の「権利」という語法は、その前半の語法と同じ言説構造を示すものではない。後半の言及においては、権利の担い手として承認される要求が向けられる他者（たち）のアイデンティティは曖昧模糊としたものである。アレントにとって、そうした承認はまず何よりも「成員資格」の承認、人は何らかの組織化された人間共同体に「帰属する」ということの承認であったことに留意しておこう。ある人の権利の担い手としての地位は、その人の成員資格の承認によって左右される。それでは、だれがそうした承認を付与あるいは留保すべきであるのか。人が「成員として認められるべきである」という要求の名宛人は、だれなのか。アレントの答えは明らかである。それは人類それ自身である。しかし、彼女は「このことが可能かどうかはけっして定かではない」とつけ加えている。こうした「権利」の二つの語法の非対称性は、この語句の後半の「権利」において、たがいに相互的な責務の関係にある同胞たちからなる、特定の法的＝市民的共同体が不在であることから生じている。それでは、ここでの責務とはいかなるものなのだろうか。それはある人を成員として、法的＝政治的な権威によって保護された人として、権利を享受する資格を付与された人格として扱われるべき人として承認する責務であろう。

こうした要求とそれがわれわれに課す責務は、カント的な用語の意味において「道徳的」である。なぜなら、それらは人間そのものとしてのわれわれにかかわり、それゆえ、われわれをたがいに区別する、あらゆる文化的、宗教的、言語的な類似と相違を超越しているからである。アレントの思考は完全にカント的であるけれども、彼女はカントに従わないであろう。しかし、ここではカントの議論を思い起こすことが重要である。

カントの定言命法の正当化をしばらく括弧に入れ、その多くの公式のひとつの道徳律が妥当であると想定しながら、「あなたの行為においては人類を手段だけでなく、目的として扱うよう行為せよ」という目的それ自体《ツヴェック・アン・ジッヒ》の原理に焦点をあてることにしよう。カントにとって、この道徳律は「人格における人間性の権利」、すなわち、人間的な尊厳と価値のいくつかの基準に従って他者に扱われる権利を正統化するものである。この権利は消極的な責務を、たとえば、各人の人間性の権利を侵害するようなかたちで行為しないことを義務づける責務をわれわれに課している。こうした侵害は、まず何よりも、われわれがたがいに市民社会に参入するのを拒むときに、いいかえれば、法的同胞となるのを拒むときに発生するものである。われわれの人格における人間性の権利は、市民社会に参入し、そして自らの自由が市民的な立法によって制限されることを受け入れる、そうした相互的な義務をわれわれに課しており、その結果、ある人の自由は普遍的な法のもとで各人の自由と両立可能なものとされうることになる。この人間性の権利に従って、カントは万人が法的同胞となる市民政府の社会契約を正当化している（Kant［1797］1994, 133–134）。アレント的な言語を使えば、人間性の権利はわれわれに市民社会の成員となる資格を付与し、そうしてわれわれは法的＝市民的権利を付与されうるのである。他人の国に到着したとき敵意をもって扱われるべきではないという訪問者の道徳的要求、そして彼または彼女の一時的な歓待への要求は、個人の人間性の権利を侵害することを禁じる、こうした道徳的命令に依拠している。コスモポリタン的な権利の哲学的正当化として役立つのは、地球の共同所有ではなく、こうした人間性の権利とそれに由来する自由への権利なのである。

アレント自身はこうした正当化の哲学的言説に疑いをもっており、そこにある種の形而上学的基礎づけ主義を見いだしていた。こうした理由から、彼女は国籍剥奪という国家の大権によって引き起こされた問題への、概念的ではなく政治的な解決を提示することができた。権利をもつ権利とは、彼女の見解によれば、われわれをたがいに区別し、分断している、生まれの偶然を超越したものである。権利をもつ権利とは、生まれたときに定義される特性ではなく、自らの行為や意見をつうじて、自らが行ない、語り、考えたことによって、われわれが判断される政治共同体においてのみ実現されうるものである。アレントはこう述べている。「われわれの政治的生活は、われわれが組織をつうじて平等を生み出しうるという想定に依拠している。なぜなら、人間は自己の対等者とともに、自己の対等者とのみ、共通の世界を演出し、変革し、建設することができるからである。……われわれは平等に生まれるのではない。われわれは相互に平等な権利を保証し合うという決定に支えられて、集団の成員として平等になるのである」（Arendt［1951］1968, 301）。

現代的な用語を使えば、アレントは政体および帰属の「民族的《エスニック》」な構想に対して「市民的《シヴィック》」な構想を提唱している。彼女にとって本当の政治的平等の意味を構成しているのは、たがいを平等な権利の担い手とみなす同胞集団の相互承認である。フランスはドレフュス事件で堕落したが、アレントにとっては、こうした理由から卓越した国家でありつづけたのである。それでは、哲学的ではないにせよ、人権のディレンマへの制度的な解決は、市民的ナショナリズムの原理の確立に見いだされるべきであろうか。もちろん、市民的ナショナリズムは出生地主義にもとづいた市民資格の取得様式、すなわち、領土内での出生か、市民である母もしくは父をつうじた市民権の取得を必要とするものである。これとは対照的に、血統主義は、民族的な系譜や出自のみをつうじた、必ずしもというわけではないが、通常は父が特定の民族集団の成員であるという証拠をつうじた市民権の取得を意味している。血統主義はエトノス〔民族〕とデモス〔市民〕の、「民族への帰属」と「国家における成員資格」の融合にもとづいているのである。明らかに、アレントは出生地主義的な様式の市民資格の取得にもとづいた市民的国家の理念を擁護している。しかし、国民国家の理念に内在する緊張についての彼女の診断は、この制度的構造にはより深い不和があることを、「国民国家の没落と人間の権利の終焉」についてのより深い混乱があることを示唆している。この問題を明確に述べれば、アレントは世界政府という理想だけでなく、万人に正義や平等を実現しつづける国民国家体系の可能性についても懐疑的であった。世界政府は、諸個人がともに共有された公共空間を守ることを許さないという点で、政治のための空間を破壊する（これは地球規模の政治の可能性を過小評価する想定である）。その一方で、国民国家体系は自国での排他的な不正義と外国への攻撃という種をつねにはらんでいるのである。

国民国家をめぐるアレント

ハンナ・アレントが国民国家体系の弱さを批判しつつ、それと同じように世界政府のあらゆる理想にも懐疑的であったということは、彼女の政治思想のもっとも困惑させる側面のひとつとして残されている。アレントが国民国家に示した、哲学的および政治的な両義性は複雑な次元をもっている。アメリカとフランスの革命の結果として確立され、一六世紀ヨーロッパの絶対主義から作動していた展開の最終プロセスをもたらした国民国家体系は、人権と国家主権の原則との緊張と、ときにはそれらのあからさまな矛盾にもとづいたものであった。

近代国家はつねに特定の国民国家でもあった。このナショナリズムが一般に北アメリカ、フランス、イギリス、ラテンアメリカの類型に結びつけられる市民的な形式のものであるか、あるいは一般にドイツや東中欧の類型に結びつけられる民族的なものであるときでさえ、そうであった。近代国家の市民は、そのアイデンティティがどれほど疑わしく構成されていたとしても、つねに国民の、すなわち何らかの歴史、言語、伝統を共有する特定の人間集団の成員でもある。

アレントのナショナリズム批判への鍵は、彼女のシオニズムに関する著作において見いだされる。一九四五年に公刊された「シオニズム再考」と名づけられた論文のなかで、アレントは、テオドール・ヘルツル型のシオニズムも含めて、あらゆるナショナリズムを、それらが「国家は永遠の有機体であり、固有の特質の必然的な成長の産物であって、それは政治組織の観点からではなく、生物学的な超人的性格の観点から諸国民を説明する」(Arendt [1945] 1978, 156) と主張していることから批判した。アレントにとって、この種の思考は起源において前政治的なものであった。なぜなら、それは有機体、家族の調和、血縁共同体といった、政治以前の生活圏から引き出された比喩を政治の領域に適用していたからである。ナショナリズムのイデオロギーが政治的なものに先行するアイデンティティの局面を強調すればするほど、それは市民の平等を彼らの推定上の共通性や同質性にもとづかせるようになる。民主的な法治国家《レヒトシュタート》における同胞間の平等は、文化的および民族的なアイデンティティの同質性とは区別されなければならない。市民的平等は同質性ではない。それは差異への尊重を必要としているのである。

ホロコーストと未遂に終わったヨーロッパ系ユダヤ人の絶滅政策のあとで、アレントのユダヤ人の祖国への支援が変わったことを註記しておくことが重要であろう。アレントはシオニズムをユダヤ民族の支配的な文化的および政治的プロジェクトとは認めず、自らの人生を多民族的で多文化的な自由民主主義国家で送ることを選んだけれども、第二次世界大戦の破局は彼女にあらゆる国家形成に内在する新しい始まりの瞬間を理解させることになった。彼女は「これまで人権の復興は、最近のイスラエル国家の事例が証明しているように、国民の権利の復興もしくは確立をつうじてのみ達成されてきた」(Arendt

［1951］1968, 299）と述べている。アレントはとても見識のある、洞察力に富んだ政治批評家であったので、イスラエル国家の樹立の代価がパレスチナのアラブ系居留民の参政権剥奪であり、今日にいたる中東での対立であったことにも言及しなかったわけではない。彼女は一九五〇年代をつうじて、ユダヤ人とパレスチナ人の二民族国家が現実のものとなることを願っていたのである（Benhabib［1996］2003, 43–47 参照）。

それでは、国民国家の理念をめぐる歴史的および制度的な矛盾から何を導き出すことができるのだろうか。こうした政治的編成をめぐるアレントのためらいがちの容認は、政治的現実主義と歴史的必然性への譲歩なのだろうか。アレントは、国民国家が制度的構造としてどれだけ矛盾をはらんだものであったとしても、それがいまも、実際はそうではなくとも、少なくとも原理上は自らの市民であるすべての人々の権利を守る唯一のものであると言いうるのであろうか。

皮肉なことに、アレントは、国民国家が同質的とみなされた国民の国家たらんと切望するときの限界をとても明晰に理解していた。彼女は「パレスチナでのユダヤ人の真の目標はユダヤ人の祖国の建設である。この目標はけっしてユダヤ人国家の偽りの主権性に供せられてはならない」（Arendt［1945］1978, 192）と述べている。アレントは「国民の主権性」という壮大なフランスの思想と「専制的な存在のナショナリズム的な要求」（ibid., 156）を区別している。「国民の主権性」が表わしているのは、民主的な自己組織化であり、同じエスニシティを共有するかどうかにかかわりなく、自らを主権的で自己立法的な統治体として構成することを選択した国民の政治的意志なのである。

こうした国民主権の思想は、「国家は永遠の有機体である」（ibid.）と想定するナショナリズムとは区別される。アレントはこの種のナショナリズムが概念的に間違っていることに加えて、ナショナリズムは歴史的に廃れたものとされたとき、もっとも有害なものになると信じていた。「ナショナリズムに関していえば、それが最悪なものとなり、もっとも激しく擁護されるのは、かつては偉大で革命的であったこの諸国民の国家的組織化の原理が、国境内の国民の真の主権性を保証することも、あるいは国境を越えたさまざまな国民間の正しい関係性を確立することもできなくなってからのことである」(ibid., 141)。明らかにアレントは、民主的な真の主権性を手に入れ、国境を越えた正義を確立するためには、二〇世紀の国家中心的な類型を乗り越えなければならないと考えていた。彼女はユダヤ人とアラブ人がともに参加する拡大的な地方民主主義と、地中海の諸国民からなる、より大きな共同体のなかで統合された連邦制的な国家構造が繁栄することに一縷の望みをかけていたのである (Benhabib［1996］2003, 41–43 参照)。

それにもかかわらず、権利をもつ権利の逆説についての考察では、アレントは民族的なものであれ市民的なものであれ、国民国家の枠組みを所与のものとみなしている。国民国家のモデルには従わない、民主的に主権的な共同体をいかに構築するかについての、彼女のより経験的で、柔軟で、開かれた考察はもはや探究されなかったのである。そこで、近代国民国家の実験が、別の観点からも分析されうることを提示してみたいと思う。独自の歴史や文化をもった民主的な国民の形成は、民主的反復のプロセスにある集合的アイデンティティの変容と再帰的な実験の絶え間ないプロセスとみなすことができる。アレントから着想を得ながら、彼女から立ち去ることにしよう。人権と主権との矛盾は、複雑で、しだいに多文化的かつ多民族的になっている民主制のもとでの、再帰的な集合的アイデンティティ形成に内在する紛争的な局面として再概念化されなければならないのである。

権利と主権をめぐるカントとアレント

第1章では、一時的滞在へのコスモポリタン的権利に関するカントの議論を詳しく振り返った。カントは、一方で、われわれがすべての人間の滞在を認めなければならない道徳的義務と、他方で、こうした一時的な滞在の権利を永住的な成員資格には拡大しない、共和制的な主権者の大権とのあいだで生まれる緊張を明白に示していた。

この点に関しては、カントとアレントが、どれだけ近いのかに注目すべきであろう。カントが一時的な滞在の権利から成員資格への権利へと発展しうる、哲学的および政治的な段階を説明しなかったように、アレントも「権利をもつ権利」、すなわち、何らかの組織化された人間共同体の成員として承認される権利を、それ以上に哲学的な原理に基礎づけることができなかった。カントにとって、成員資格への権利を付与することは、共和制的な主権者の大権であって、「恩恵」の行為を含意していた。アレントにとって、権利をもつ権利の実現は、各人の平等が万人の承認によって保証される、共和制的な政体の確立を必要としていた。こうした共和制的な国家形成の行為は、人間のあいだの不平等や排除を、平等な権利要求の体制へと変換するものである。しかしアレント自身、いかなる共和制的な構成の行為も新しい「内部者」と「外部者」を確立せざるをえない、という消しがたい逆説をしっかりと認識していた。政治的平等という箱船は一部の人々を守るためには増員するが、われわれが個別の国家ではなく世界国家をもたないかぎり、万人をかくまうほど増員することはできないであろう。ところが、アレントはカント自身と同じくらい、そうした世界国家には強く反対していたのである。

そこで、カントおよびアレントの著作において、同じような緊張に満ちた概念構築が見いだされることを論じてみよう。それはまず何よりも、われわれが人間として、たがいに負っている義務をめぐる普遍主義的な道徳的要求についてである。カントにとって、これは困窮しているすべての人間に避難を付与する義務なのだが、アレントにとって、これは成員資格を否認したり、権利をもつ権利を否認したりしない義務である。しかし、どちらの思想家にとっても、この普遍主義的な道徳的権利は政治的にも法的にも範囲を制限されており、いかなる内包の行為もそれ自身の排除の条件を生み出すことになる。カントにとって、永住資格への道徳的要求は存在しない。アレントにとって、その平等の箱船がつねに一部の人々を内包し、それ以外の人々を排除してしまう、そうした共和制的な創設行為の歴史的な恣意性を逃れることはできない。共和制的な平等は、普遍的な道徳的平等とは区別されるのである。権利をもつ権利は、世界国家あるいは別の世界組織によってではなく、範囲を制限された政体の集合的意志によってのみ保証されうる。だが、それは同様に、それ自身の排除の体制を否応なく生み出すことにもなる。カントとアレントの道徳的コスモポリタニズムは、彼らの法的および市民的な個別主義に足元をすくわれているといってよいかもしれない。民主的な自己決定の逆説は、民主的な主権者を自己構成だけでなく排除にも導いていているのである。

これらのディレンマの出口はあるのだろうか。哲学的には、このディレンマの二つの要所、すなわち、権利と主権的特権の二つの概念を詳しく検証することから始めなければならない。アレントとカントの共和制的な主権性に関する前提は、彼らに、排他的な領土管理は他の規範や制度によって制限もしくは圧倒されることのない絶対的な主権的特権である、と信じさせるものであった。しかし、実際はそうではなく、コスモポリタン的権利が重層的な主権性と義務のネットワークをつくりだしていることを示すことにしたい。そこでの議論は概念的なレヴェルだけでなく、制度的なレヴェルにも及ぶことになるであろう。

　アレントが「国民国家の没落と人間の権利の終焉」という予言的な分析を書いてから、国際法における制度的および規範的な展開が、彼女やカントが解決することのできなかった逆説のいくつかに言及するようになった。アレントが、権利をもつ権利は根本的な道徳的要求であると同時に、解決しがたい政治問題でもあると述べたとき、彼女はよそ者、外国人、居留民がいかなる権利も所有していないということをいおうとしたのではなかった。ほんの数例ではあるが、ドイツのユダヤ人、トルコ共和国の創設期（一九二三年）におけるギリシャ人やアルメニア人、ヴィシー政権下のフランスにおけるドイツ人難民のように、いくつかの状況では、そのすべての民族集団が国籍を剥奪され、主権的な法機関の保護を失うこともあった。ただアレントにとっては、こうした問題への制度的および理論的な解決は、まだ用意されていなかったのである。制度的にみれば、第二次世界大戦以後、この世紀の恐怖に対処しようとした世界の諸国家の学習プロセスを表わした、いくつかの取り決めが現われるようになった。一九五一年の「難民の地位に関するジュネーヴ条約」と一九六七年に追加されたその議定書、国連難民高等弁務官（ＵＮＨＣＲ）の創設、そして国際司法裁判所の設置、最近ではローマ条約による国際刑事裁判所の設置は、権利をもつ権利を否定された人々を保護することを目的とした展開である。

さらに、国際法における重要な展開は、避難あるいは庇護の求めによるものであれ、たんなる移民によるものであれ、移住運動を犯罪とみなさない方向にも向かっている。権利をもつ権利は、今日では、国家的な市民資格から独立した、すべての人間の普遍的な人格性の地位の承認を意味している。アレントにとっては、結局のところ市民資格が人権保護のための筆頭保証人であったのだが、これからは権利をもつ権利を国籍上の地位から切り離す、国際的な体制を展開することが要求されているのである（第5章参照）。

法学者たちは、難民法を支配している法律的、社会的、そして個人主義的な視座を区別している（Hathaway 1991, 2–8）。一九二〇年から一九三五年までの最初の難民の定義は、出身国による保護の否認に対応して公式化されていた。ハサウェイは「国家による法律上の保護の撤去は、それが国籍剥奪によるものであれ、旅行証明書や領事代表権といった外交上の便益の停止であれ、法体系全体の機能不全におちいるものである。なぜなら、当時存在していた国際法は個人を国際的な権利と義務の主体とはみなしておらず、国際的な局面での責任の決定はその人が保護を受けている主権国家に委ねられていたからである」（ibid., 3）と述べている。

戦間期において、新しく建設されたヨーロッパの諸共和国で生じた大規模な国籍剥奪に対応して、国際連盟は国籍を奪われた人々の集団に保護を拡大した。また、パスポートをもたない人々も法的保護を付与されるものとみなされた。これはアレントが無国籍であることを考察した歴史的な背景であった。そのときから、国際法のもとにある条約上の難民の定義は、広範囲にわたる社会的あるいは政治的な出来事の無力な犠牲者である個人の便宜を図るために拡大され、難民の安全や幸福を保証するための援助が提供されるようになった。国際的な難民保護の体系のさらなる一連の展開は、故国での不正義や迫害と認められたものからの脱出を求めている個人の内包にも及んでいる。世界人権宣言の第一四条は、庇護への権利をひとつの人権として文言化している。その条文はこうである。「あらゆる人間は迫害からの庇護を、他国において請求し、享受する権利をもっている。この権利は、非政治的犯罪もしくは国際連合の目的と原理に反する行為から純粋に生じた訴追の場合には援用されない」(ibid., 14からの引用)。とはいえ、庇護を要請する権利が人権として認められている一方で、庇護を付与する義務は主権的な特権として国家によって注意深く抑制されつづけている。この意味において、カントやアレントの指摘はまったく間違っていたわけではなかった。無国籍者や亡命者の地位を守ろうとする国際法のかなりの発展にもかかわらず、普遍的人権と主権性要求との対立は、領土的に境界づけられた国家中心的な国際秩序の核心にある、根本的な逆説となっているのである。

3　〈諸国民の法〉、配分的正義、移住

一八世紀の終わりにカントがコスモポリタン的権利の考察を書いていたころ、西洋の帝国主義的な冒険のアメリカ大陸への拡大は、一四〇〇年代後半から数世紀にわたって進行していたところであった。他方、同じ時期に、オランダ、ポルトガル、スペイン、イギリスの帝国艦隊は、インド洋、東南アジア、極東の支配をめぐって競い合っていた。歓待への権利は、こうした西洋の植民地的で拡張主義的な野心を背景に表明されたものであった。「永遠平和」論文における西洋の旅行者や商人への日本や中国の開放をめぐるカントの該博な言及は、こうした歴史的状況のとても生き生きとした感覚をわれわれに与えている（Kant［1795］1923, 444–446; Wischke 2002, 227 も参照）。

アレントの無国籍であることの考察は、二つの世界戦争の中間期におけるヨーロッパの多民族的で多部族的な帝国の崩壊という、また別の歴史的背景のもとで生まれたものであった。ヨーロッパ国民国家の立場から望まれない少数民族や難民を処理するための国籍剥奪、すなわち市民権の取り消しの大規模な活用は、こうした状況から現われたのであった。十分に探究されたものではないが、アレントの立場

からのもっとも聡明な洞察は、アフリカの植民地化をつうじて西洋列強によって得られた経験が、大陸ヨーロッパにおける少数民族の処遇をかたちづくり、歴史的に煽り立てさえしたということであった。海外での帝国主義と大陸での帝国主義は、たがいに関係しているのである。これらの観察にもかかわらず、カントとアレントの考察で失われているのは、世界社会における諸国民の経済的な相互依存をめぐる明示的な認識である。コスモポリタン的権利への鋭い洞察にもかかわらず、彼らの公式には諸国民、諸民族、諸国家の相互依存についてのより強固な分析が欠けている。

今日の多くの新カント派の移住に関する議論は、こうした相互依存の問題に言及しながらも、それをもっぱらグローバルな規模での配分的正義の立場から論じている。移住運動の第一の理由は経済的なものであって、越境運動は世界経済の相互依存という文脈において理解されなければならないと想定されている。現代のカント的なコスモポリタニストたちは、難民、亡命者、移民を問わず、彼らの越境行為をグローバルな配分的正義の枠組みのなかで論じているのである。

本章では、これらの現代的な論争が検証される。まずジョン・ロールズの著作を手がかりにして、ロールズの〈諸国民の法〉が国家中心的であり、越境行為によって提起された問題を社会学的にも規範的にも正しく扱うことができない、ということを論じることにしよう。トマス・ポッゲやチャールズ・ベイツといったグローバルな正義の理論家たちは、国境を越えた正義を擁護することにおいてはロールズをはるかに上回っている。しかし、彼らは移住運動をグローバルな配分的正義のもとに包摂している。両者ともカントに訴えかけているのだが、彼らはともに重要な点でカントの立場を歪めているのである。そこで、こう問いかけてみよう。人間の移住運動は人類の歴史全体をつうじて遍在的なもので、相互依存的な世界における主権国家の行為が、移住の「牽引」と「推進」の要因を構成しているという見解に立つならば、カント的な伝統におけるコスモポリタン的権利の輪郭はどのようになるのだろうか。

その解答はいくつかの構成要素をもっている。最初に、世界社会における諸国民の相互依存を経験的に論じることにしたい。人間共同体間の相互作用は永続的なもので、人類の歴史における例外ではない。むしろ、明確に区分された主権国家の領土性の出現それ自体が、近代の新しい産物なのである。つぎに、移住の権利は配分的正義の要求のもとでは包摂されえず、結局のところ、成員資格への権利は道徳的な意味での人権とみなされるべきであり、また市民資格や帰化の規定に従って国家の機構に編入されることで法的権利となるべきである。

新カント派のグローバルな正義をめぐる理論は、私が「市民衰退」学派と名づけたいと思う、影響力のある理論家たちによって異議を申し立てられている。これらの理論家たちは、文化的および政治的な共同体における成員資格は配分的正義の問題ではなく、むしろ共同体の自己理解と自己決定の決定的な側面であると主張している。ここでは、こうした主張に同意する一方で、そのような傾向にある主要な思想家のひとり、マイケル・ウォルツァーの移住と市民資格をめぐる見解に異議を唱えるつもりである。ウォルツァーは自由民主主義国家を全体論的な文化的および民族的実体とみなしており、倫理的統合と政治的統合を混同していると思われるので、私はそうではないことを論じることにしたい。ウォルツァーやその他の人々は、現代世界における市民資格の変容についての関心を高めている点では正しいが、これらの変化を理由に移民を非難しているのは間違っている。彼らの民主的な自己統治への関心は共有されよう。しかし、現代世界における市民権の制度的な発展は、共同体主義者や市民衰退論者たちが主張しているよりも、はるかに複雑で多面的であることが示されるだろう。これらの変容は「市民資格の分解」として説明されるものである（第4章参照）。

移住とジョン・ロールズの『諸国民の法』

政治的成員資格、すなわち社会への加入と脱退の条件は、国内および国際的な正義論の重要な側面とはみなされてこなかった。ジョン・ロールズの政治哲学もまた例外ではない。それゆえ、ロールズは『政治的自由主義』のなかでこう述べている。「民主的な社会は、どの政治社会とも同じように、完全で閉じられた社会システムとみなされるべきである。それが完全であるというのは、それが自己充足的で、人間生活のすべての主要な目的のための場所であるという意味においてである。また、それが閉じられているというのは……それへの加入が誕生のみによるもので、そこからの脱退が死のみによるという意味においてである。……したがって、われわれは、分別のつく年ごろになると結社に加わるように社会に加わるのではなく、自分たちが完全な人生を送るであろう社会に生まれるものとみなされるのである」（Rawls 1993, 41. 強調は引用者による）。

もちろん、ロールズはこの閉じられた社会という類型を反事実的な虚構として、正義を推論するときの便利な思考実験として使っている。しかし、彼は政治共同体への加入と脱退の条件に自由民主主義的な正義論における中心的な役割を付与しないことで、完全に閉じられ、堅く守られた国境をもつ領土的に画定された諸国家という国家中心的な類型が、これらの問題をめぐるわれわれの思考を支配しつづけるであろうと想定していた。国際的な正義を推論するにあたって国家中心的な視座を選択したロールズの理由は、その後の『諸国民の法』のなかで詳しく説明されている。「国民の政府の重要な役割は、いかに社会の境界線が歴史的な観点からみて恣意的であるように思われたとしても、自らの領土とその環境的な保全、そして自らの住民の範囲に責任をもつ、国民の代表的で実効的な代理人となることである」(Rawls 1999, 38–39)。ロールズはこの文章の脚註において「国民は少なくとも移民を制限する条件つきの権利をもっている。ここでは、これらの条件がいかなるものであるのかは保留しておこう」(ibid., 39, n.48) とつけ加えている。国内および国際的な正義の構想を展開するのにふさわしい単位として境界づけられた政治共同体を選択するにあたって、ロールズはイマヌエル・カントとそのコスモポリタンの法の教えから大きく逸れていった。カントの主要な功績は、道徳的人格としてのあらゆる個人に妥当する正義の諸関係の範囲を、国際的な領域において明らかにしたことであったが、ロールズの『諸国民の法』においては、個人は正義の主要な行為者ではなく、むしろ彼が「諸国民」と名づけている統一体へと包摂されている。カントにとっての世界公民法の本質は、すべての道徳的人格は彼らが潜在的に協力し合うことのできる世界社会の成員である、という命題であった。ロールズはそれとは対照的に、個人をコスモポリタン的な市民ではなく、諸国民の成員とみなしているのである。

なぜロールズが、諸個人ではなく、諸国民の立場から国際的な正義の見解を展開しようと決めたのかに関しては、文献上かなりの論争がある (Beitz 2000; Buchanan 2000; Kuper 2000)。彼はこうした方法論的な出発点に立つことで、国際的な正義の原則を、世界社会における平等な道徳的尊重と関心の単位とみなされた個人のためではなく、諸国民とそれらの代表のために表明することになった。しかし、ロールズの諸国民をめぐる定義の説得力は疑わしいものである。諸国民に関するロールズの前提を検証することは、なぜ彼にとって境界づけられた共同体がグローバルな正義をめぐる理想的な理論の単位であり、その一方で移住が非理想的な理論の問題とされているのかを明らかにするのに役立つであろう。

諸国民という概念は、『正義論』（Rawls［1971］1972）における道徳的人格、そして『政治的自由主義』（Rawls 1993）における市民の概念がそうであったように、代表の装置としてロールズによって導入されたものである。代表の装置とは、代表されるべき対象のいくつかの特徴を強調し、その他のものを括弧に入れ、あるいは最小化するものである。これは諸国民という概念に関してもそうである。ロールズ的な諸国民は「自由主義的な諸国民」と理念的に定義されており、三つの基本的な特徴、すなわち「彼らの基本的な利益に奉仕する理性的に正しい立憲的な民主政府、ミルが『共通の共感』と呼んだものによって統一された市民、そして最後に、道徳的性質」（Rawls 1999, 23）をもつものである。ロールズ的な正義観の主要な関心は、自由主義的な諸国民の代表によって選択された〈諸国民の法〉が、なぜ、どのようにして非自由主義的な諸国民にも受け入れられうるのかということである。したがって、〈諸国民の法〉は二つの段階を経て、最初は自由主義社会の視座から、そのつぎに「良識ある、非自由主義的な諸国民」の立場から展開されることになる（ibid., 59–68; Beitz 2000, 675 参照）。

しかし、より重大なことは、ロールズの見解にみられる諸国民の社会学的および倫理的な属性の混同である。ロールズのカテゴリーは経験的および規範的な特性をひとつに束ねてしまっている。ほとんどの社会科学者や歴史学者は、ある国民もしくは民族を別のものと区別するためには、少々の「共通の共感」が必要であることには同意するかもしれない。だが、「正しい立憲的な民主政府」によって統治されなければ諸国民はそうしたものにはならない、と規定することは見当ちがいである。[1]こうした困難はロールズが規範的な規定を社会学的な特性に結びつけていることから生じている。ロールズの理想化の方法は、彼が自らの諸国民という概念を歴史的、社会学的に説得力のあるものとしてみなしていたのか、それとも、彼の正義の原則の立場から、もっぱら規範的に受け入れられるものとみなしていたのかを理解しがたいものにしている。明らかに、彼はその両方であることを意図しているのだが、この二つの視座を最初から完全に混同することは、その後の議論全体にはね返ってくる、一連の問題を生み出しているのである。

ロールズは、諸国家とそれらの利益を国際的な領域の主要な行為者とみなす、現実主義的な国際理論の落とし穴を避けたいと考えており、それゆえ諸国家と諸国民を区別することを望んでいる。そして、諸国家ではなく諸国民が、グローバルな規模の正義について推論するのにふさわしい、道徳的および社会学的な行為者であると論じている。しかし、彼は諸国民と諸国家との分析上有効な区別が、彼自身が思っているようになされうると確信をもつことができない。「正しい立憲的な民主政府」によって統治されている国民は、近代国家のほかに、いかなる政治的な形式をもちうるのだろうか。それは帝国なのだろうか、それとも都市国家なのだろうか。

ロールズはまず、諸国民は諸国家ではないと主張する。なぜなら、彼は後者に主権性を付与することを望んではいないからである。主権性からもっとも一般的に連想される二つの特徴、すなわち、住民に対する国内的主権性と、他の主権的単位との戦争を宣言する対外的主権性は、ロールズの図式における

〈諸国民の法〉から導き出されるもので、したがって、国際的な正義の契約における当事者たちがすでに所有している特徴とみなされるべきではない。国内的主権性と対外的主権性の両者は〈諸国民の法〉に依存させられているのである。これはロールズの議論の称賛すべき側面である。彼は主権の正統性を国家によるいくつかの正義原則の承認、とりわけ、人権の尊重と自衛以外の理由から戦争を起こさないという公約の承認に依拠させている（Rawls 1999, 37）。しかし、伝統的な国家主権の概念に道徳的制約を課そうとするロールズの願いはわかるが、何らかの形式の領土的主権性をもたない国民の立憲的政府を思い描くことはできそうにない[2]。そして、このことはロールズの理論にディレンマをもたらしている。彼は、「共通の共感」によって統一され、「正しい立憲的な政府によって支配された」国民が、国家とほとんど同じ特徴をもった、半主権的な単位として領土的に組織化されている、と想定しなければならないのであろうか。それとも、彼は国民がすでに何らかの形式の政府をもっているという自らの規定を放棄し、国民であることについての、経験的だが、あまり規範的ではない概念を受け入れるしかないのであろうか。

諸国民はロールズが期待している規範的な特徴をもっておらず、それゆえ組織化され、領土的に境界づけられた自己統治的な近代国家とはみなされない。ロールズが国民を特徴づけるために列挙している八つの規範的条件（ibid.）のうち、「条約および約束を遵守する」義務、「自衛以外の戦争を起こさない」義務、そして「人権を尊重すること」は、道徳的な視点からみれば反論の余地のないものである。しかし、それらは常備軍、十分に発達した司法的および行政的官僚制、その他の代表的制度をもった近代の国家装置なくしては考えられないことでもある。ここでもまた、諸国民と代表的政府をもった近代国家との区別は消えている。

スティーヴン・マセードは、ロールズを擁護した「自己統治的な諸国民がたがいに負うもの――普遍主義、多様性、『諸国民の法』」のなかで、「諸国家もしくは諸国民の道徳的な意義は実際それほど神秘的なものではないが、国民が自己統治の権力を引き受けたとき行なったことを思い出してみよう。彼らはたいてい永続的とみなされる統一体を形成し、おそらくは独立をめざした暴力的な闘争の所産であろう所与の領土に対する恒久的な支配を主張したのである」（Macedo 2004. 強調は引用者による）と論じている。マセードは諸国民と諸国家という用語を明らかに互換的に使っている。そうすることで、彼はロールズが自らの理論において段階を構築しようと望んだ手法から離れているのである。ロールズにとって、主権的な国家であることは、国民であること、そして諸国民による〈諸国民の法〉の選択につづくものであって、それらに先行するものであってはならない。繰り返すならば、このことは経験的ではあるが、あまり規範的ではない諸国民の概念が規定されなければならないことを示唆しており、それに従うならば、これらの諸国民はすでに何らかの形式の「正しい立憲的政府」をもっているとはみなされないのである(3)。

国民であることをめぐるロールズの第三の基準、すなわち、それぞれの国民は「道徳的性質」をもっていなければならないという基準は、さらに擁護しがたいものである。ここにおいてロールズは、各人が明確に画定しうる境界線によって、そして一連の明確に特定しうる価値や習俗によって定義されると想定された、全体論的な諸国民の理解から出発している。この全体論的な見方によれば、諸国民は首尾一貫した道徳的世界観の伝達者とみなされている。しかし、こうした全体論的な社会の構想は、社会科学の揺籃期に属するものであろう。

　こうした見解において失われているのは、階級、ジェンダー、エスニシティ、宗教の境界線に沿った、人間社会の重要な内的対立をめぐる理解である。この全体論的な見方は、一九世紀後半および二〇世紀前半の時期に優勢であった自由主義的なナショナリズム運動の目標を範例的なものとみなしており、それらの目標をまるで社会的事実でもあるかのように提示している。しかし、諸国民は見つからない。それらは歴史をつうじて発達するものである。階級、ジェンダー、エスニシティ、宗教によって引き裂かれた諸国民が発達する決定的な方法は、諸国民という用語と、それらに共通する「道徳的性質」をめぐる論争をつうじてである。排除され、周辺化された集団、たとえば初期のブルジョワ共和国における労働者や女性は、国民という道徳的コードを変換し、それをより内包的なものにし、それを財産による階層秩序や区別から引き離し、それを女性の市民権の獲得に適合させようと試みてきた。同じような闘争が、排除され、周辺化された人種的、民族的、宗教的な集団によって繰り返されてきた。諸国民を明確に特定しうる「道徳的性質」と「共通の共感」の起源によって特徴づけられた同質的な実体とみなすことは、その国民から排除されてきた人々の利益に反している。なぜなら、彼らはその支配的な道徳的コードの承認および尊重を拒否してきたからである。国民であることをめぐるロールズの見解はナショナリズムへとすべり込む。結局のところ、彼の自由主義的ナショナリズムの構想は、自由主義的というよりもナショナリズム的である。というのも、彼は共通の共感からなる国民と統一された道徳的性質を形成しようとしたナショナリズム運動の目標をイデオロギー闘争として論じるのではなく、それらに社会学的な事実を付与しているからである。

ロールズの定義をチャールズ・ベイツによって示された線分に沿って擁護してみよう。「この国民という観念は理想的な世界の構想の一部である。ロールズは理想的なものの方向に向かっていることが望ましいと主張するために、多くの（あるいは一部であっても）現実の国家が国民であることとの基準を完全に満たしていると主張する必要はない。国民という観念についての適切な問いは、それが世界社会の基本的な構成要素として役立つ、十分に望ましい人間の社会組織の形式を表わしているかどうかであって、それがいくつかの現存する国家の現実主義的な代用として役立つかどうかではない」（Beitz 2000, 680）。

ベイツの擁護は、ロールズの国民概念は社会学的な適切さの観点からではなく、倫理的に判断されるべきだということを示唆している。これは納得のいくものではない。なぜなら、社会学的な見解それ自体が、規範的な構想を大きく歪める倫理的な意味合いを含んでいるからである。国民であることをめぐるロールズの理解は、自由主義的ナショナリズムと一九世紀の観念論的社会学の伝統に従っており、国民であることとの共通感覚が形成される、権力、抑圧、イデオロギーの要素を曖昧にしている。

さらに、〈諸国民からなる社会〉をかなり高度に統合された、同質的で、同質化する集合体から構成された世界共同体とみなすことは、倫理的にも望ましくないと論じられるであろう。こうしたナショナリズムの物語における敗者は、ロールズが諸国民にあると期待していた、自由主義的で民主主義的な規範と価値にほかならない。なぜなら、正しい立憲的政府をめぐる普遍的な価値、規範、原則と、個別主義的な国民の「共通の共感」や「道徳的性質」とのあいだには、つねに必然的に、論争、不和、そして相当の乖離があるからである。ロールズは、彼自身の正義と政治的自由主義の構想にとっては逆に非常に重要である、自由民主主義的な価値と規範の文脈超越的な側面を最小化している。「われわれ国民」とは、普遍化する権利要求の目標だけでなく、歴史的に位置づけられた集合体の境界内での民主的な主権性の闘争も内包しようと試みる、緊張に引き裂かれた公式である。こうした集合体は内と「外」に「他者」をもっている。国民であることは、事実ではなく、目標なのである。

私はアイデンティティというカテゴリーの不安定性に関するポストモダニズム的な懐疑を唱えようとしているのではない。むしろ、ここで強調しているのは、もし諸国民がとりわけ自由民主主義的な制度によって統治されたものと理解されるのであれば、共通の共感をめぐる異論のない集合的物語や、独自の道徳的性質が存在すべきであるということは望ましいものではありえず、そうしたものでもないということである。集合的アイデンティティは、普遍化する目標と個別主義的な記憶が一時的な語りの統合をつくろうとたがいにせめぎ合う、敵対的で競合的な物語どうしの連鎖によって形成される。しかし、そうした統合は、やがて新しい対立や論争によって異議を申し立てられ、引き裂かれる。国民であることの、とりわけ自由民主主義的な国民であることの物語は、こうした分裂と論争をつうじて、歴史的に進化しているのである[4]（Smith 2003 参照）。

ロールズの諸国民をめぐる見解は、倫理的にも社会学的にも擁護することができない。そして、たとえロールズに理想化という正統性を付与したとしても、それらの理想化は規範的な議論に向けた中立的な段階ではなく、むしろ、それ自体が規範的な帰結をともなっているのである。アラン・ブキャナンは、ロールズの見解のさらなる帰結をこう指摘している。「ロールズは、国際関係をめぐる道徳理論の目的にとっての標準的な事例が、共有された政治文化によって、すなわち公共の秩序についての共通の構想によって住民が統一されている国家、いいかえれば、正義あるいは善きことをめぐる基本的な争点について対立がなく、諸集団が独立した州や特別な集団的権利を付与されうるような分断もない国家である、と想定している」(Buchanan 2000, 717)。こうした「深い政治的統一」の構想は、国内の対立を軽視するものである。それはこのような政治文化の範囲内で、自らの文化と生活様式のための発言権も代表権も見いだせない集団の要求と嘆きを無視するものである。その結果、少数民族の集団的権利、あるいは、それ自体は国家として組織されていないが、より大きな主権国家の成員である民族、たとえばオーストラリアのアボリジニ、カナダの第一国民《ファースト・ネーション》、合衆国の先住アメリカ人、そしてラテンアメリカの先住民の文化的市民権は、ロールズ的な諸国民の景観からは消えてしまうのである(文化的集団権については、Benhabib 2002a を参照)。

もういちどロールズの主張に戻ろう。「民主的な社会は、どの政治社会とも同じように、完全で閉じられた社会システムとみなされるべきである。それが完全であるというのは、それが自己充足的で、人間生活のすべての主要な目的のための場所であるという意味においてである。また、それが閉じられているというのは……それへの加入が誕生のみによるもので、そこからの脱退が死のみによるという意味においてである。……したがって、われわれは、分別のつく年ごろになると結社に加わるように社会に加わるのではなく、自分たちが完全な人生を送るであろう社会に生まれるものとみなされるのである」(Rawls 1993, 41. 強調は引用者による)。これまでの議論からみれば、ロールズの視点はあまり擁護しうるものではないが、理解しやすいものではある。ロールズは諸国民を何よりも「共通の道徳的性質」によって統一された、独立した実体を構成するものとみなしているので、彼にとっての民主的な国民は道徳的な秩序体系と似たものになっている。実際、それは道徳的な秩序体系である。われわれが誕生によって加入し、死によってのみ脱退する社会のなかで「完全な人生を送っている」とみなされなければならないという想定は、歴史的にみて、あまりにも的外れなものである。それゆえ、ロールズによるそうした想定の活用は、国民であることと諸国家についての、より広い前提条件に照らしてしか理解することができないのである。

ロールズの政治的自由主義をめぐる普遍主義的な前提と、彼の〈諸国民の法〉をめぐる個別主義的な志向との緊張は、こうした問題のもとで十分に明らかにされる。政治社会を「完全で閉じられた[5]社会システム」とみなすことは、ロールズの自由主義についての、そのほかの前提と両立しうるものではない。ロールズは人格を二つの道徳的な力を付与されたものと理解している。それは独立した善きことの構想を公式化し、追求する能力と、正義の感覚および他者との相互的な協力活動に参加する能力である(Rawls 1999, 82)。これらの能力は個人を「完全で閉じられたシステム」としての民主的社会という構想と衝突させるかもしれない。個人は自らの善きことの理解が、道徳的、政治的、宗教的、芸術的、あるいは科学的な理由から、自分が生まれた社会を去り、別の社会に加わることを余儀なくさせると感じるかもしれない。このことが含意しているのは、自らの善きことの意味を追求している個人は、自らの社会を去る権利をもつべきだということである。出国はロールズの図式において基本的な自由でなければならない。なぜなら、そうでなければ、彼の人格をめぐる構想は首尾一貫しなくなるからである。「完全で閉じられた社会」という言い回しは、人格とその自由をめぐる自由主義的な構想とは両立しえないのである。

実際に、一部の個人の善きことをめぐる構想が自らの出身国を去るよう仕向けるものであったとすれば、国民であることの境界線と必ずしも重なり合うわけではない「共通の共感」や「共有された道徳的感覚の共同体」があることも予想されるにちがいない。たとえば、「文学界」、「万国の労働者」、「国際的で国境横断的な女性集団」といったものもあるだろう。西洋社会のもっとも古い国際的な制度のひとつはカトリック教会である。道徳的善をめぐる人々の感覚は、政治共同体の境界線と一致することもしないこともある。自由民主主義的な文化における個人は、たいてい多様で、しばしば対立する善きことの構想をもった存在であるように思われる。彼らは部分的な共同体に重なり合う愛着をもつであろう。要するに、彼らは重なり合い、交差し合う共感や同情の循環のなかにとらわれているのである。

これらの考察の重要な結論は、ロールズ自身の正統な道徳的および政治的多元主義への公約が、その閉じられた社会と民主的な国民であることの構想によって危機にさらされているということである。ロールズは「集団内」の多元主義を承認し、世俗的で自由主義的な西洋の民主制国家の個人とは異なる生活や価値をもつ「良識ある階層的な諸国民」が存在することを受け入れるつもりでいるのに、西洋の民主的社会それ自体のなかに、良識ある階層的な諸国民の価値体系に親近感を抱き、それを共有する多くの集団や個人が存在することを認めないのは奇妙なことである。はっきりといえば、厳格なムスリムや厳格なユダヤ教徒は「ほかのどこか」にいるのではない。彼らは自由民主主義的な社会におけるわれわれの隣人であり、市民であり、われわれ自身である。集団内レヴェルでの価値多元主義は、集団間レヴェルでの価値多元主義と対応している。「他者」はほかのどこかにいるのではないのである。

完全で閉じられた民主的社会という概念は、ロールズの国民であることの構想と同じように、そしてほとんど同じ理由から説得力のないものである。いずれの場合も、ロールズは自らの道徳的人格性の理解を、国民であることをめぐる虚構へと従属させている。これらの公式には、薄められた弱いカント的な形式のものではあるが、自律的な人格性という理想と、閉じられた完全な社会という理想との解消しがたい緊張が存在している。ロールズ自身の人格の理解に従えば、彼は社会をよりいっそう相互作用的で、重複的で、流動的な実体とみなさなければならない。たとえば、そうした社会の境界線は内外に通りやすく、その道徳的構想は境界を越えて移動し、ほかの文脈にも吸収され、そして自国へとふたたび送り戻されるのである。

ロールズの国民観と「完全で閉じられた社会」のモデルの両方を考慮すれば、移住が〈諸国民の法〉のひとつの局面とみなされなかったことは驚くことではない。ロールズにとって、移住運動は挿話的なもので、諸国民の生活にとって重要ではない。自由民主主義的な社会への加入と脱退の条件は、これらの社会を評価するうえで周辺的なものである。ロールズは移住を非理想的な理論へと、すなわち、道徳的な観点からみて「中立的」とみなされる政治的、社会的な実践へと完全に委ねるだけでなく、移住を制限するための正統な根拠とみなされるいくつかの条件を示してさえいる（Rawls 1999, 39）。

第一の条件は「共有地の悲劇」をめぐる議論の形式をとっている。ロールズは、資産を管理する責任を与えられ、そうしないことの損失を引き受けるべき明確な主体がいなければ、国民の領土を他人から守ることは永遠にできないであろうと推論している（ibid.）。そして、彼はこうした議論に従って、何らかの種類の境界線がなければならないという結論へとたどり着く。ここでは、ロールズが根本的に開かれた境界に反論していることに注意しておこう。しかし、彼は「共有地の悲劇」という視座を、開かれた、あるいは入りやすい境界から得られる、経済的もしくはそれ以外の便益の証拠と比較して考えているわけではないので、読者は常識にもとづいて、たしかに何らかの種類の境界は必要であろうと認めざるをえない。しかしながら、国境線を越えた国民、商品、サーヴィスの自由な移動を可能にする、開かれた、入りやすい境界が、自由市場経済の機能にとって非常に有益であることは、経験的にも十分に証明されている。移住の経済学から導き出される重要な経験的証拠は、「共有地の悲劇」という視座へのロールズの全面的な依拠を相殺しうるであろう(6)。

移住を制限するためのロールズの第二の理由は、「国民の政治文化とその立憲的な原理を守るためである」(ibid.)。ロールズが、移民は何ほどか「異質で不規則な要素」であって、受け入れ国の方法で同化され、社会化され、教育されるはずだと思っているならば、どうして移民が政治文化とその憲法上の諸原理を脅かすと想定されなければならないのだろうか。彼はどうして移民を脅威とみなしているのだろうか。移民は一国の政治文化を変えるのではなく破壊しているのであって、憲法の諸原理を守り、豊かにすることも、それらに異議を申し立て、再表明することもしないという主張には、どのような歴史的あるいは社会＝科学的な根拠があるのだろうか。

いくつかの現代的な事例を考えてみよう。たしかに一九四八年以後の、そして、その後の数十年にわたるレバノンでのパレスチナ難民の苦境は、同国の不安定化を加速し、結果的に一九八〇年代の内戦を引き起こすことになった。アフガニスタンでは、北部同盟のムスリムの「ムジャヒディーン」(自由の戦士)と、主にパキスタンのアフガン人難民のあいだで組織された、よりイスラーム主義的なタリバーンが、ソ連の侵略を終わらせるためにともに戦っていた。アフガン人難民の自国への帰還は、結果的に、当時アルカーイダに自由な活動拠点を提供していた、タリバーン体制に有利だった勢力均衡をひっくり返してしまった。しかし、これらの事例は規則的な移住の流れの実例、あるいは典型的な難民および亡命者の再定住の実例とさえみなされうるものではない。これらの展開は、地域固有の深刻な政治力学にも、たとえば、レバノンではすでに存在していたムスリムとキリスト教系のアラブ人との対立、アフガニスタンでは対ソ連の世俗的な戦士と宗教的な戦士との根本的な不一致にも結びついていた。これらの事例では、移住運動それ自体が、すでに存在する地域的な緊張を解き放つ触媒として機能しているのである。

移民はある国民の政治文化とその憲法を傷つけるどころか、それを再活性化し、それを深めることもある。一九世紀のパリやロンドンの政治文化への、亡命した自由主義者や社会主義者たちの貢献がそうであった。たしかに、一九世紀後半と二〇世紀初頭のアメリカの政治文化は、移民のアイルランド人、イタリア人、ユダヤ人、ポーランド人、その他の共同体の貢献なくしては考えられない。さらに、第二次世界大戦後のアメリカの大学についても、多くの亡命したヨーロッパの研究者たちの貢献を考慮に入れることなく考えることはできない。移住運動だけでは、そして受け入れ社会自体にすでに動いている混乱や緊張がなければ、ある国民の政治文化とその憲法上の諸原理が脅かされることはないのである。第5章では、移民集団の流入によって政治的自由主義に提起された多文化的な異議申し立てが、自由民主主義体制の諸権利の一覧表の深化と拡大につながっていることを論じるつもりである。「他者の権利」は政治的自由主義のプロジェクトを脅かすものではない。むしろ、これらの権利はそれをより内包的で、動態的で、熟議的な民主主義のプロジェクトに向けて変革するものなのである。

最後に、ロールズは「重荷に苦しんでいる社会を支援する自然な責務」を認めており、自由主義的な国民は経済援助や支援をつうじて、ほかのあまり幸福ではない社会に負っている道徳的義務を果たすことができると指摘している（Rawls 1999, 105–113）。そこで、こうした自然な支援の責務が、なぜグローバルな再配分の原則とは注意深く区別されなければならないのかをより詳しく論じてみよう。自然な支援の責務は、経済的に貧しく、不利な立場にある社会への支援が、より豊かな社会への移住運動の圧力を小さくすることを期待されているという点で、移住の権利にかかわっている。大きな経済格差のある世界では、より裕福な国のより高い生活水準の牽引が移住の否定しがたい原因となっているので、そうした支援は一定の期間、世界のいくつかの地域の圧力を和らげるのに役立つことができるであろう（『エコノミスト』二〇〇二年、二一八号の特集別冊「移民調査」を参照）。したがって、ロールズの視座では、世界の移民の出身国や出身地域に対外支援を行なっている国家は、自らの社会への入国をできるだけ抑えるために、厳しい移住の体制を押しつけることを正当化される。他者への支援という責務と国家の正統な自己利益との道徳的な均衡の維持は、移住をめぐる論争と政策にとって本質的なものである。実際、それはこうした領域での現実主義的な政治を強化するものとなっている。しかしながら、このような均衡の維持と同じくらい常識的なことのように思われるが、移住をめぐる論争と政策は、国家が道徳的のみならず法的な義務も負っている難民や庇護申請者と、移民の道徳的要求との注意深い区別によってでも制約されなければならない。これらの区別は、カントやアレントのコスモポリタン的な考察にとっては非常に重要であったのだが、ロールズの図式ではどこにも見つからない。この割愛はたんなる見落としの問題ではない。むしろ、それは世界共同体の諸国民をめぐるロールズの理想的な理論の帰結とみなされるのである。

ロールズの現実主義的なユートピアは、世界の移住運動の根本的な解決をめざすものである。自由主義的で、良識ある諸国民の社会では、宗教的および民族的な迫害も、政治的抑圧も、住民の圧迫も、男女間の不平等もなく、経済的不平等も縮小するであろう。かくして「移住の問題はまったく考慮されないわけではないが、現実主義的なユートピアの深刻な問題としては排除される」(Rawls1999, 39) ことになる。ロールズの理想的なユートピアでは、諸国民は他者と混ざり、結びつき、交流することに関心をもたない、窓のない単子《モナド》となる。たしかに、これは秩序づけられた世界の展望ではある。しかし、それはたがいの境遇だけでなく、たがいの魅力にも関心をもたない、自己満足した諸国民の静態的で退屈な世界の展望でもある。

したがって、ロールズの〈諸国民の法〉は、それが諸個人を世界社会の道徳的および政治的な行為者とみなさず、むしろ諸国民をこの領域の主要な行為者として選んでいるという点で、カントのコスモポリタン的権利の教義によって描き出された地勢を引き継いだものではない、と結論づけられる。それとは正反対の但し書きにもかかわらず、ロールズは諸国民と諸国家を分析的に区別することができておらず、その結果、コスモポリタン的権利は国家の安全保障と自己利益の祭壇のなかで犠牲にされているのである。ロールズは、自分がどこでコスモポリタン的正義の観点から外れているのかをみごとに理解している。彼はこう述べている。「一部の人々は、いかなる自由主義的な〈諸国民の法〉も……まず万人にとっての自由主義的なコスモポリタン的、もしくはグローバルな正義の問題をとりあげることから始めるべきであると考えている。彼らはそうした視点から、万人が理性的で合理的であり、私が『二つの道徳的な力』と呼んだものをもっているとみなされると論じている。……国内の場合の原初状態ではおなじみの推論に従えば、個人は万人が平等な基本的権利と自由をもつという第一原理を受け入れるであろう。このように手順を進めるならば、人権はただちに自由主義的なコスモポリタン的正義の政治的(道徳的)な構想のもとに基礎づけられるであろう」(ibid., 82)。しかし、ロールズはこのように展開されることがありえそうにないと考えている。というのも、こうした手続きはすべての諸国民に形而上学的、もしくは包括的な自由主義の構想を押しつけるものだからである。ロールズはそれを哲学的に拒否しているが、そうした立場が自由主義的な諸国民の側に立った、拡張主義的で、不寛容で、おそらくは好戦的でさえある外交政策へと必然的につながるであろう、と懸念しているようにも思われるのである(ibid., 82–83)。

次章では、討議理論的な権利論の基礎づけを公式化し、そうするためには論争的な形而上学的前提に訴えかけなくてもよいことを証明してみよう。さらにいえば、コスモポリタン的権利を保証することは、特殊な諸権利の一覧表をすべての諸国民に押しつけることを意味するものではない。諸権利の原則は、ロールズが認めようとしたものほど大きくはないけれども、かなりの民主的な変差を許容しているのである。

これまで、ロールズの正統な道徳的および政治的多元主義への公約が、閉じられた社会で生活する民主的な諸国民という彼の構想によって危うくされていることを論じてきた。よりラディカルな多元主義であれば、たしかに、諸国民の多様で動態的な結びつき、相互行為、そして交差作用の認識へといたるであろう。個人が生まれ落ち、死によってのみ立ち去る「閉じられた」社会の構想とは反対に、ここでは、自由主義的な諸国民が「かなり開かれた境界」をもっているという前提から出発してみよう。これらの諸国民は、たんに出国する基本的権利を認めるだけではなく、入国する特権、すなわち別の国民の領土に入り、平和的にその社会の成員となる特権もまた不可欠の構成要素とみなされる、そうした相互的な義務と特権の体系のなかで共存している。諸国民の相互依存は、たんに挿話的なものではなく、根本的なものである。国民国家は歴史のなかで、諸国家からなる体系の単位として発達する。それらは古い多民族的な帝国の廃墟から現われた。多くの国民国家が、第一次世界大戦の終わりに、オーストリア＝ハンガリー、ロシア、そしてオスマンの諸帝国の崩壊後、ヨーロッパや中東において現われた。第二次世界大戦直後のイギリス、フランス、ポルトガル、オランダの諸帝国に対する反植民地闘争の結果、アジア、アフリカ、その他の地域で新しい国家が生まれた。一九世紀の初頭には、スペイン帝国に対してラテンアメリカの諸国民が戦っていた。諸国民と諸国家は世界社会の文脈において成長する行為者とみなされよう。領土的な主権性を文化的な同質性や民主的な立憲政府に結びつける国民国家は、政治的近代化を経験した世界社会の独自の産物なのである。

急進化されたロールズ主義に向けて

道徳的コスモポリタニズム

多くのロールズ研究者にとって、彼のコスモポリタン的正義に関する見解が失望の原因となったことは、驚くべきことではない。ジョゼフ・カレンズは、ロールズの意図をロールズ自身に反して急進化しながら、ロールズの前提とは完全に異なる結論を導き出している。カレンズはその初期の論文において、ロールズの「無知のヴェール」という装置をロールズ自身の意図に反して用い、その正義の諸原則を難民、移民、庇護申請者の視点から考察している（Carens 1995）。われわれがたまたま生まれ落ちた場所の境界線や、そこで付与されている証明書は、道徳的な視点からみて、生まれながらの肌の色、ジェンダー、遺伝的な体質といった、その他の特徴ほど恣意的ではないといえるのだろうか。カレンズの答えは「否」である。道徳的な視点からみて、出生地の範囲を画定している境界線や、そこで付与される証明書は恣意的なものである。なぜなら、個人間でのそれらの配分は、道徳的な功績や道徳的な償いをめぐる、いかなる明確な基準にも従っていないからである。市民であることの地位や特権は領土的に定義された生得権にすぎないので、その人の肌の色やその他の遺伝的な資質と同じくらい恣意的なものである。それゆえ、カレンズの主張によれば、自由民主主義体制は国境のない世界の構想とできるだけ両立しうる政策を実行しなければならないのである。(7)

自由主義的コスモポリタニズム

トマス・ポッゲは、普遍的な道徳的義務をグローバルなレヴェルで実行されうる政治的形式へと変換することの難しさを承認しながら、「すべての人間は道徳的関心の究極的な単位としてのグローバルな気高さをもつ」（Pogge 1992, 49）と断言する「道徳的コスモポリタニズム」と「法的コスモポリタニズム」を区別している。法的コスモポリタニズムは、ポッゲの言葉によれば、「万人が等価的な法的権利および義務をもっている、つまり万人が普遍的な共和国の仲間の市民である、そうしたグローバルな秩序をめぐる具体的な政治理念に」(ibid.) 関与するものである。ポッゲは、世界国家には及ばないけれども、グローバルな現状を法的な意味でよりコスモポリタン的な世界秩序へと動かす、そうした一連の制度化されたグローバルな行動原則を擁護したいと考えている。

ポッゲの公式は、道徳的コスモポリタニズムは必然的に「普遍的な君主制」を、すなわち世界政府をもたらすのか、というカントが直面した困難を思い起こさせる。カントは、そうした世界政府は「魂なき専制」になるだろうと論じた (Kant [1795] 1923, 453; [1795] 1957, 112)。彼は世界国家という理念を拒否しながら、それぞれが一連の類似した共和制的原理によって形成されるが、何ほどかの変差もまた許容された諸国民からなる社会という理念を採用したのである。それでは、法的コスモポリタニズムは共和制的もしくは民主制的な自由と両立しうるのであろうか。法的コスモポリタニズムの枠組みでは、法制度や人権の一覧表にどの程度の変差が認められうるのであろうか。

いかなる道徳的および法的なコスモポリタニズムの立場も明らかに示唆しているのは、世界の諸国民の生活水準や人生の展望において存在する格差は批判と改革に開かれなければならないということである。カントにとってそうであったように、ポッゲやベイツにとっても、世界社会における道徳的および法的な権利の単位は諸個人であって諸国民ではない。諸国民の相互作用は継続的であって、挿話的ではない。彼らの生活や生計は根本的に相互依存的であって、ロールズの諸国民の類型のように、たんに断続的にそうなのではない。ポッゲ (Pogge 1992, 60–61) もベイツ[8]も移民の問題には直接ふれていないが、彼らの立場は移住の権利と正しい成員資格に明らかにかかわっているのである。

支援の責務 対 グローバルな配分的正義

ロールズにとって、「十分に秩序づけられた国民は、重荷に苦しんでいる社会を支援する責務をもっている」(9) (Rawls 1999, 106)。しかし、「こうした支援の責務を遂行する唯一の方法、あるいは最善の方法が、諸国民のあいだの経済的および社会的な不平等を規制する、グローバルな配分的正義の原則に従うことによってである」(ibid.) ということにはならない。多くの人々にとって、こうした主張はまず首尾一貫しておらず、悪ければ偽善的であるようにも思われる。トマス・ポッゲは皮肉を込めて、こう述べている。「実際のところ、この道徳的な論争は、どの程度豊かな社会や個人であれば、自分たちよりも暮らし向きの悪い人々を手助けする義務をもつのかということに大きく焦点をあてている。ある者はそうした義務をいっさい否定し、ほかの者はどうしても必要であると主張する。どちらの立場も、われわれが飢えで苦しむ外国の人々と道徳的に関係づけられるのは潜在的な援助者としてであるということを、安易にも当然のように受けとめている。もちろん、これは真実である。しかし、この論争はわれわれがまた、より重大なことに、彼らの運命の実質的な原因となっているグローバルな制度的秩序の支持者として、そして受益者として彼らに関係づけられているということを無視しているのである」(Pogge 2002, 50. 強調は引用者による)。同じような批判が、チャールズ・ベイツの『政治理論と国際関係』のなかでも表明されている。「国際的な相互依存は、もし国民経済が自給自足的であるならば存在しないであろう便益と負担を生み出す、複雑で実質的な社会的相互作用のパターンを含んでいる。これらの考察からみれば、ロールズの諸国家の法への通りすがりの関心は、国際的正義の要点をまったく見落としているように思われる。相互依存的な世界では、正義の諸原則を国内社会に制限することは、貧しい諸国家に重荷を負わせ、そうすることで、そのほかの諸国家が『正しい』体制で生活することから便益を得られるようにする効果をもっているのである」(Beitz [1979] 1999, 149–150)。

グローバルな規模での配分的正義の原則の範囲と内容に関するこうした対立は、ロールズと彼の急進的な弟子たちとの方法論的な不一致だけでなく、経験的な不一致も含んでいる。ロールズは国際システムが相互依存のそれであることを否定しないけれども、そうした事実は一国の富もしくは貧困を決定するうえでは二義的なことであると明らかにみなしている。諸国民の富の要因は内発的なものであって、外発的なものではない。一国の富は「その政治文化」によって、その基本構造を支える宗教的、哲学的、道徳的な伝統によって、そして勤勉さや協力的な才能といった、その国民の道徳的資質によって決定される(Rawls 1999, 109)。ロールズはこうした確信を支える、いかなる社会＝科学的な証拠も提示してはいない[10]。これらの主張は経験的な証拠というよりも、自由主義的な諸国民を十分に秩序づけられた社会に住み、その幸運が彼ら自身の制度や道徳的性質の帰結であるとみなす、ロールズの方法論的な離陸点に依拠しているのである。この著しくヴィクトリア朝的な諸国民の富の説明において、すべての西洋社会によるアフリカの略奪はいちども言及されていない。合衆国とカリブ海域におけるアフリカ人奴隷交易のグローバルな性格と、その資本主義的な富の蓄積への貢献もまったく想起されていない。アメリカ大陸の植民地化は視野から消えている。そして、イギリス人がインドを支配し、その富を収奪したこともなかったかのようになっている。これらの歴史の割愛は〈諸国民の法〉に関する著作においてははなはだしく、なぜロールズが自らの国際的正義の視野にかなりの影響を及ぼす目隠しをつけたのかを問うてみなければならないほどである。

ここでの目的は、自由主義的な諸国民のいわゆる幸運でもある〈西洋〉資本主義の起源と、資本主義と帝国主義の相互依存に関する、社会科学のよく知られた論争を繰り返すことではない。西洋の帝国主義の歴史を考慮に入れずに資本主義の発展を考察することは、歴史的にかなり不適切なことであると思う（Schama 1987; Hobsbawm 1975, 1987; Meuschel 1981; Genovese［1965］1990; Genovese-Fox and Genovese 1983）。これらの複雑な世界史的プロセスに関して性急な判断を与えることが必要なのでもない。〈西洋〉の初期の資本主義的蓄積が植民地的な拡張なくして考えられえたかどうかは疑わしいが、しかしマックス・ヴェーバー（Weber［1930］1992）がわれわれに教示したように、〈西洋〉のプロテスタント倫理の形成にいたった道徳的＝文化的および価値の変容が、土着的な源泉をもっていたことも同じように明らかである。これらの源泉は、結果的には世界規模の重要性を獲得したけれども、〈西洋〉のみに固有の相対的配置を形成した、科学革命やプロテスタント革命の知的および道徳的な力学のなかにある。(11) 諸国民の富は世界経済の歴史に照らして検証されなければならない。文化的な自給自足体制の想定によって引き起こされた方法論上の歪みは除去されなければならない。ベイツの以下のような発言を支持しておきたい。「グローバルな相互依存のパターンが存在し、それが実質的な総便益を生み出していることを証明することは、これらの便益がいかにして現存する制度と実践のもとで配分されているのか、あるいは、これらの制度と実践が世界経済の参加者にいかなる重荷を課しているのかを確信をもって述べることよりも簡単なことなのである」（Beitz［1979］1999, 145）。

グローバルな相互依存の事実は、世界経済システムが「協力のシステム」であることを示唆しているのだろうか。協力のシステムとは、その義務および便益を配分する規則が、その参加者たちに明らかに認められ、知られている、あるいは原理上知られうるということを示唆するものであろう。ロールズは世界経済がこれらの線に沿って理解されうることを否定しており、それゆえ、配分的正義の原則はこの領域には適用されえないと主張している。協力のシステムには便益と義務を配分する明白な規則もしくはパターンがあるけれども、世界経済はそうした明白で透明な判断の対象とはなりえない。したがって、グローバルな配分的正義の原則は、そのかなりの訴求力にもかかわらず、「明確な目標、目的、あるいは終止点」（Rawls 1999, 106）をもたないのである。しかし、こうしたロールズの反論は部分的にしか正しくないと思われる。世界経済は純粋な協力のシステムではないけれども、協力についての非常に明白な規則をもっており、個々の行為者の意図せざる帰結によって生み出される、きわめて多面的なパターンや傾向を包囲する、世界貿易機関（ＷＴＯ）や国際通貨基金（ＩＭＦ）といった組織を受け入れているのである。[12]

世界経済は、さらにいえば、あらゆる経済システムは、協力の特性と同じく意図せざる帰結の論理ももっている。たとえば、株式市場について考えてみよう。いかにして株式が売買され、それらの価値が一日の終わりに評価されるのかといったことに関しては、少なくとも原理上は明示的に定められた協力の規則があるのだが、株式市場を動かしているのは「意図せざる帰結の論理」にほかならない。これらの協力の規則がいったん確立されれば、市場が何を生み出すのかはだれも予測できないし、原則としてそうすることができてはならない。インサイダー取引が規制されるのは、それが協力の規則の公平性を破壊することで、意図せざる帰結の論理を歪めるからである。とはいえ、自由市場で売買する人たちが信じているように、意図せざる帰結の論理がつねに合理的で、あるいは公正であるというわけではない。

明らかに、政府やその他の規制機関は、まさに市場の力の作用から生まれる機能不全を修正するために介入するものである。たとえば、自由市場のイデオローグや民営化の預言者たちが資産を流動化しようと提唱していることは知られているが、政府が市場の気まぐれの結果として社会保障基金の破産を認めることはとても考えられることではない。もしロールズに譲歩して、世界経済は純粋な協力のシステムではなく、協力と競争、組織化と意図せざる帰結の論理の特徴を示す、混合的な領域であると認めるとすれば、グローバルな再配分の立場はどのように引き継がれるのであろうか。

世界経済は協力のシステムとしては不十分であるが、関係する参加者にとっては無視することのできない、配分的な帰結をもった重要な相互依存のひとつとみなされている。このシステムのなかには、世界貿易機関（WTO）、国際通貨基金（IMF）、国際開発局（AID）、そして、関税および貿易に関する一般協定（GATT）、北米自由貿易協定（NAFTA）といった条約連合のように、規制的な機能をもった国際的な機構や組織が存在している。これらの組織は、意図せざる帰結の論理がもたらしかねない大混乱を統御し、それを改善する、グローバルな協力のモデルへとしだいに向かっている。したがって、グローバルな正義の理論家たちは、ロールズに反して、これらの国際機関がしだいに行動において責任をもたされ、それらの決定作成においては自らの有権者に透明にされるべきである、と要求している点で正しい。たとえ世界経済が協力のシステムではなかったとしても、それはまさしく重要な相互依存のパターンを明らかにし、それと同時に準統治的な機関によっても影響されるのだから、そこには重荷に苦しんでいる諸国民への支援という自然な義務をはるかに越えた、かなりの改革の余地が残されているのである。

世界共同体は、国家として組織された国民が主要な参加者ではあるが、それだけが唯一の参加者ではない、そうしたグローバルな市民社会とみなされるべきであると主張しておこう。コスモポリタン的な視座はカント的な見解をその出発点とみなしている。すなわち、「もしある人の行為がほかの人の行為に影響を及ぼしうるならば」、そのときわれわれは、道徳的行為者としてのたがいの平等を尊重する共通の自由の法のもとで、自らの行為を規制する義務をもつという見解である。われわれの行為の帰結は道徳的義務をもたらす。自らの行為が他人の幸福や自由に実際どれだけ影響を及ぼしているのかに気づくようになれば、われわれは自らの個人的および集合的な行動の意図せざる、不可視の帰結に責任を負わなければならないであろう。われわれはそうした相互依存をつねに見いだしており、自分の家や車のなかで食べ、飲み、吸い、そしてエネルギーとして消費しているものが、それほど離れて関係しているわけではない他人の生活にも実質的な影響を及ぼしていることに気づくようになっている。ここにあるのは、社会的知識の成長と道徳的責任の拡大との弁証法である。カント的な言語を使えば、もしある人の意志が対外的な行為の領域において他人の意志を制限するならば、そのときわれわれは道徳的な責任と義務の網にからめとられるようになる。世界経済はまさしくそうした状況にある。何らかの政策が他人の生活や幸福に及ぼすであろう特殊な効果については、非常に明白な判断がいつも用意されているわけではないけれども、われわれは意図せざる帰結を発見することで、そして世界的な統治機関の規制的で介入主義的な措置を自覚するようになることで、自らの行為の道徳的な意味合いを理解するよういつも求められているのである。こうした知識は道徳的責任を生み出す。たとえば、シカゴの自動車産業や運転手にとって、自らの行為がカナダの酸性雨を引き起こしていることを無視することは、もはや道徳的に容認されうるものではない。アメリカ合衆国で生活している人々にとって、カリフォルニアの農産品の豊富さが、すべてではないにせよ、そのかなりの部分において、非合法なメキシコ人労働者の汗と血と苦労に負っていることを無視することはできない。なぜなら、そこで手に入れられる豊かな収穫は、彼らの安い季節労働によって可能とされているからである。

ベイツとポッゲが同じような分析から引き出している結論は、世界経済システムにはグローバルな再配分の原則が適用されなければならないというものである。ベイツは「とりわけ、もし格差原理（「社会的および経済的な不平等は、それらが……もっとも恵まれない人々の最大の利益になるように配置されなければならない」）が国内の原初状態において選択されるのであれば、それはグローバルな原初状態においても選択されるであろう」（Beitz［1979］1999, 151）と述べている。ポッゲもそれに同意している（Pogge 2002, 42）。

グローバルな再配分の原則が、何ほどかロールズ的な形式の格差原理として公式化されるべきか、それとも、ポッゲのグローバルな平等主義的原理の形式のもとで公式化されるべきか、という論争を追うのはそろそろ終わりにしたい。そして、諸国民のたんに偶然的で一時的ではない根源的な相互依存の世界では、われわれの配分的義務は援助という自然な義務をはるかに越えたものである、というベイツとポッゲの自由主義的なコスモポリタン的構想に同意しておこう。しかしながら、諸国民のあいだで経済的な正義を生み出そうとするグローバルな再配分の原則の押しつけは、そうした原則の民主的な自己統治との両立可能性が検証されないかぎり、あるいは検証されるまでは不安を感じさせるものでもある。そこで、グローバルな再配分理論への三つの反論を提示し、この理論をコスモポリタン的連邦主義の視座から区別することにしよう。なぜなら、私はその視座を擁護したいと思っており、それもまた再配分論的な意味合いをもっているからである。それでは、最初の反論を認識的なもの、第二のものを解釈学的なもの、第三のものを民主的なものと呼ぶことにしよう。

認識的反論

たとえ世界経済が、かなりパターン化された相互依存と偶然的な相互連関のシステムとしてもっともよく理解されたとしても、その総体的な責任についての一般化された判断を行なうことは困難である。たとえば、先進工業諸国の一酸化炭素の排出水準が世界の大気をどれだけ汚しているかを計算することはできるが、アメリカ合衆国の食肉の消費パターンがどのようにメキシコの経済に影響を及ぼしうる、あるいは及ぼしえないのか、ドイツの不景気がギリシャの失業を引き起こしているのか、そして、これらについて何がなされるべきかを計算することは、不可能ではないにせよ、はるかに困難である。

移住の経済的原因に関しては、たとえばハニア・ズロトニックがこう述べている。「経済的な理由がほとんどの国際的な移住の根底にあると仮定すれば、後者は世界経済の発展によってかなり影響を受けることになろう。……貿易ブロック、あるいは、より大きなレヴェルでのさらなる自由貿易の推進は、国際的な移住に重大な影響を及ぼすものと思われる。……しかし、発展のプロセスそれ自体が移住を促進する力を動かすともみなされているので、発展途上国が世界経済や貿易システムに首尾よく加わることが、国際的な移住の可能性を助長するのか、それとも削減するのかは明らかではない」（Zlotnik 2001, 228. 強調は引用者による）。

グローバル経済の偶然性について的確な判断がなされない状態で、格差原理をその根本的に再配分的な課題とともに世界経済へと拡張することは、現実を見誤ることになりかねない。世界経済システムと同じくらい複雑な、道徳的および認識的な対象を扱うときは、民主的な合意がもたらされうる、一般的でグローバルな目標を設定するほうが望ましい。格差原理は、不平等を是正するための特殊な統治機関としてではなく、そうするための指針および規範的な目標として扱われるべきである。なぜなら、それは何よりも個人資産のかなり論争的な総計から導き出されるものだからである。世界の飢餓率、幼児死亡率、非識字率、栄養失調や十分な衛生の欠如による死亡率を減らすことや、病気の根絶といったものは、世界共同体において合意が高まりつつある目標である。たしかに富や資産の再配分は、たとえば開発援助をつうじて、そのような目標が達成されうる重要な方法のひとつとなっている。だが、それは唯一の方法ではない。それ以外にも、持続可能な成長のプロジェクト、小額融資をつうじて現地の産業や経済が発展するのを手助けすること、世界銀行や国際通貨基金（IMF）といった制度の統治を自由化し、民主化すること、世界的な貸付機関からの融資や補助金の裁決をより透明で民主的なものにすること、苦闘している第三世界経済のための債務免除、そして弱い経済体制を危うくする金融市場での投機を管理し、罰則を適用することも含まれるであろう。私は格差原理の背後にある理論的な確実性を共有しない。それは判断の基準であって、政策の青写真ではない。それはロールズによって、経済的制度の正義を測定するときのパレート最適に改良を加えるための、理論的な基準として意図されたものであった。しかし、それは制度を再配置するための地図とみなされるべきではないのである。

解釈学的反論

私は『自己を位置づけること——現代倫理におけるジェンダー、共同体、ポストモダニズム』のなかで、ロールズの原初状態では適切な道徳的個人化が調整されえないことを論じた（Benhabib 1992, 164–170）。そして、ロールズの無知のヴェールの背後では、自己と区別される他者が消えてしまうだろうと主張した。なぜなら、自己を個人化するためのあらゆる重要な基準が、そのヴェールの背後に隠されてしまうからである。こうした概念装置のもとでは、道徳的な視座や推論が他者の視点から逆転されることはないであろう。というのも、他者と自己は同一のものとなり、各人の自分自身のための推論がほかのすべての人々にとっての推論にもなりうるからである。

同じような困難が格差原理にも付随している。私はこの困難が非常に重要だとみなしているので、格差原理をグローバルな領域に拡張しようとする、もっともらしい理由がわからない。境界を越えた格差原理のあらゆる適用は、だれが社会の「もっとも恵まれない」成員とみなされるべきかについて、明白かつ論争の余地のない判断が共有されることを前提としている。しかし、われわれがそうした明白な基準をもっているとは考えられない。なぜなら、これは経済的な判断であるだけでなく、政治経済的な判断でもあるからだ。たしかに、多くの社会および世界全体の所得配分、平均余命、教育水準といったものに関しては、かなりの経験的な情報を入手することができる。だが、これらの基準のうちどれが「もっとも恵まれない人々」という地位を測定するための基線となるのかについては、まったく合意がない。それゆえ、アマルティア・センは、こうした経済統計的データの物神崇拝に強く反論した。そして、評価される住民の現実の生活条件については何も語らない、一人当たりのＧＮＰにもとづいたグローバルな経済比較とは対照的に、「生活の質」の測定はそれよりもはるかに差異化された「人間的能力」の評価を必要とする、と主張したのであった（Sen 1984, 1999）。

これとは対照的に、グローバルな格差原理の適用は、そうした論争的な政治経済的判断に関しては、世界共同体に現在および将来においても存在するであろうものよりも、もっと大きな収束と合意があるとほのめかしている。そうであるならば、その認識的原理の考察でも行なったように、グローバルに共有された幸福を測定するための基準が存在すると想定するよりも、ローカルな解釈を許容するグローバルな指針、規範、基準を設定するほうが、はるかに望ましいと結論づけることにしておこう(13)。

民主的反論

グローバリストたちが直面する重要な異議申し立ては、民主政治をグローバルな平等主義的目標と調停しようとするものである。グローバルな再配分的正義は高度の認識的および解釈学的な収束を想定しているので、それはかなりの強制と執行の権力をもった世界政府か、何らかの世界的権威によって管理されなければならないと予測することができる。ベイツとポッゲはこうした反論に気づいており、世界政府の構想とは一線を画している(14)。ベイツは再配分的正義の道徳的責任をグローバルな正義の制度から区別している。だが、もし前者の帰結によって後者に多大の損害がもたらされ、正義と民主主義がたがいに相殺し合うとすれば、それらの二者択一は停止され、再考されなければならない。世界経済をめぐる現在の低レヴェルの協力を考えると、格差原理の形式をとったグローバルな再配分の原理はこれからも合意を得られそうにはない。しかし、それでは、われわれはどこに向かえばよいのだろうか。

再配分を判断するための社会経済的な正義と基準は、民主的な自由と自己決定の実践から独立して特定されうるものではない。格差原理によって提起された解釈学的なパズルは、けっして完全には解決されないけれども、民主的な文脈においてのみ扱うことができる。民主的な国民は、自分で経済的な優先事項に関する判断を形成し、これらの優先事項が彼らの社会における社会的および経済的な正義の問題にどう影響を及ぼすのかについて自らを啓発しなければならない。まさしく、これらの問題に関しては専門家のあいだでも確証がないので、社会もしくは世界全体でだれが「もっとも暮らし向きの悪い人人」を構成しているのかに関する判断は、世論と意志形成の複雑な民主的プロセスを必要としている。われわれは理論家として、自らの計画、提言、批判、忠告をつうじて、そのプロセスに介入することはできるけれども、あまりにも性急な再配分の図式の公式化によって、こうした民主的プロセスに先行することがあってはならないのである。

ポッゲはこれに反論して、そうした民主的プロセスがいま以上にグローバルな正義を生み出すとは思えず、ひどく不公正で非平等主義的な世界の現状を変えることもないであろうと主張するかもしれない。たしかに、民主的な利己心はだれもが認めざるをえないリスクではある。しかし、グローバルな正義と民主的な利己心の硬直した並置も、それ自体不十分なものである。というのも、それは正義と民主主義の複雑な相互依存を歪めるからである。

まず、社会経済的な平等は、それ自体が民主的な市民権の実効的な行使の前提条件である。市民にとっての自由の平等な価値は、彼らが人間的な尊厳と自律性のある人生を送るために必要とされる、ひとまとまりの権利と資格を手に入れ、それらを享受する場合にのみ実現されうる。民主的な社会では、権利と資格の取得および享受は、市民であることの意味を決定づける側面である（詳しくは第4章を参照）。したがって、私自身とグローバリストたちとの対立は、社会経済的な平等が民主的な市民の平等にとって必要かどうかということに関するものではない。それは自明のことである。そうではなく、われわれは社会経済的な権利と資格の解釈と実現において受け入れられる、民主的な不一致の限界について対立しているのである。

そこで、イアン・シャピーロがつぎのように述べていることに同意しよう。「結果において非常に異なる利害をもつ人々に決定での平等な発言権を認めることは、退出の能力においてかなりの格差を内包している人々の場合と同じような病理をもたらす。……自らの基本的な利益が何らかの決定で争われている人々は、それほどでもない人々よりも、デモス〔市民〕への内包をより強く主張するのである」(Shapiro 1999, 235)。シャピーロの「影響された利益」という原則は、自らの利益が、何らかの政策、何らかの規範によって、そして、それらの帰結によって影響されるすべての人々が、それらの実際の討議での対等者として、それらの表明において発言権をもつことを同様に要求する、討議倫理の原則とまったく同じである。そして、自らの利益が影響される人々の範囲は、ローカルなものにも、グローバルなものにも変化するであろう。

つぎに、グローバルな市民社会とみなされた世界共同体のなかには、そのいずれもがさまざまな組織原理を容認しうる、さまざまなレヴェルの組織、団体、そして相互依存のネットワークが存在している。世界共同体における多層的な統治は、グローバルな目標とローカルな自己決定との硬直した対立を和らげることができる。たとえば、透明性と説明責任という民主的な原則は、WTO、IMF、AIDといった組織にも適用されなければならず、また国連安全保障理事会が五つの常任理事国以外の国家の声を内包するよう改革されることも現状では重要になってきた。これらの機関を民主化するだけではグローバルな不平等を是正するのに十分ではないかもしれないが、そのほかの形式の地域的な経済体制間の協力や、地域的な貿易と成長の結合体もまた国境横断的な基準とローカルな条件を媒介することができる。もし世界経済が多様で多層的な統治、協力、協調によって構成されたものとみなされるならば、貧困の撲滅のために何ほどか共同で合意された基準をさらに収束させるためには、異なるレヴェルの機関を調停することが問題となるであろう。しかし、それはローカルに、国家的に、あるいは地域的に解釈され、設定され、組織化されたイニシアティヴをつうじてなされなければならない。各国の特殊な条件や能力が考慮され、経済的なプロジェクトがローカルな条件に従って立てられる、そうした持続可能な経済開発の計画が、この領域にふさわしい事例となるであろう。

このように複雑で多層的な統治の状況にある行為者間の相互行為のプロセスを、民主的反復の形式と呼ぶことにしたい。民主的反復とは、グローバルな原則と規範が、あらゆる規模の有権者によって、彼らのたがいに関連し合う会話や相互行為において再専有され、再反復される、そうした道徳的で政治的な対話である。グローバルな正義への関心は、それによって民主的な国民自身にとっての行為の指導原則となりうる。こうしたプロセスは混乱し、予測不可能で、あまり理想的ではない結果をもたらすかもしれないが、グローバルな再配分の原則にとっては好ましいものである。なぜなら、これらの原則は最善の、もっとも純粋な意図にもとづいていたとしても、民主的に信任されたとはいいがたい強制的な執行機関に依存しなければならないからである。「当為」は「可能」を含意する。われわれが国際的な配分を考えるとき直面するのは、純然たるグローバルな正義か、それとも民主的な統治かという二者択一ではなく、むしろ、一連の連結的で、重複的で、交差的な制度的機構をつうじて、グローバルな正義へといたる「民主的な正義」（Shapiro 1999 参照）なのである。これは連邦制化されたコスモポリタニズムの構想でもあるのだが、それについては第5章で詳しく論じることにしよう。

コスモポリタニズムを問題化すること——市民衰退論者たち

グローバリストの構想へのもっともよく知られた反論は、必ずといってよいほど、あるときは共同体主義者、またあるときは市民的共和主義者、さらには自由主義的ナショナリストとも呼ばれる思想家集団によって表明されてきた。大規模な移住と広がりつつある国境の侵食によって脅かされていると考えられているのが、自らの社会の文化的な凝集性であるのか、それとも、その政治制度の統一性であるのかは別にして、共同体主義者、市民的共和主義者、そして自由主義的ナショナリストは、コスモポリタンたちが、個人が自分の故郷や国に抱くであろう特別な愛着を十分に感じていないことを危惧している。マイケル・ウォルツァーの以下の声明は、コスモポリタン的な代案に反対する、広範囲の思想家たちの関心をとらえたものである。

国家の壁を破壊することは、シジウィックが不安げに示唆したように、壁のない世界をつくることではなく、むしろ無数の小さな要塞をつくることである。この要塞もまた破壊されるかもしれない。そうなると必要とされるのは、ローカルな共同体を破壊するのに十分な力をもったグローバル国家だけである。したがって、その結果はシジウィックが描いたように、経済人の（私ならグローバル資本主義の、とつけ加えたい）世界、すなわち、根無し草の男たち女たちの世界であろう（Walzer 1983, 39）。

私は道徳的および法的にはコスモポリタン的な代案を支持しているが、政治的には、市民衰退論者たちが民主的な自己統治と境界線の正統性について重要な関心を高めていると思っている。とはいえ、自由主義的なコスモポリタンが民主的なプロセスよりもグローバルな正義を優先しているとすれば、市民衰退論者たちは逆に、政治共同体の境界線を倫理的なもののそれと混同するという過ちを犯している。また、彼らは政治制度を軽視し、文化的アイデンティティに焦点をあてすぎるという罪も犯している。

市民衰退論者たちは、第1章で明らかにされた民主主義の逆説に、より強い反応を示している。彼らは境界線を防衛し、画定することを望みながら、自己統治的な共同体の集合的な意志を尊重している。とはいえ、彼らはそうすることで、政治共同体の内的凝集性の度合いを過度に強調し、「権利論争」を避けようともしている。しかし、普遍主義的な権利原則と集合的な自己決定の要求は、民主的政体の正統性の二つの柱である。それらは移住に関するものも含めた、それだけに限定されるわけではないが、創造的な公共の政治的対話のなかで再交渉され、再専有され、再表明されなければならないのである。

移住と市民意識の衰退

市民衰退学派には、共同体主義者、市民的共和主義者、自由主義的ナショナリストだけでなく、社会民主主義者も含まれる（Sandel 1996; Jacobson 1997; Walzer 1983, 2001; Offe 1998; Streeck 1998; Hobsbawm 1996）。これらの思想家たちは、経済のグローバル化、国際人権規範の台頭、あるいはコスモポリタン的な超然とした態度の普及がもたらした国民国家の凋落を、制度および実践としての市民資格の価値低下に行きつくものとみなしている[15]。市民であることは、境界づけられた共同体の成員であることを必要とする。こうした共同体の境界線およびアイデンティティの決定への権利は、民主主義にとって基本的なことである。それゆえ、彼らは経済的および政治的なグローバル化が市民意識を衰えさせかねないと論じている。移民はこれらの理論家たちによって排除されているわけではないが、彼らは「われわれに似た」、「モデル市民」となりうる外国人のみの編入を好む傾向にある（Honig 2001）。

たしかに、市民衰退学派は、現代の民主制における市民資格の変容について関心を高めている点で正しい。しかし、彼らはこれらの変容の原因を開かれた成員資格の実践や、増大した世界規模の諸国民の移動につきとめている点で間違っている。市民意識の衰退は、最近のある重要な研究の集積が証明しているように、政治参加の割合の観点から、さらには市民参加一般の観点からも評価するならば、グローバルな原因だけでなく国内的な原因をもっているのである（Putnam 2001, 2003 参照）。移民が入りやすい国境は市民意識の衰退の原因であるというよりも、それ自体、国家的な政治制度を掘り崩している大渦巻きと同じものによって、すなわち資本、金融、労働市場のグローバル化（もっとも、人間は貨幣や資産ほど流動的ではないが）、株式や債権の移動に対する規制の欠如、包括的でイデオロギー的に区別されない大衆政党の出現、そしてマスメディア政治の台頭とローカルな投票および運動の消滅によって引き起こされたものである。こうした全体的な憂鬱は、移民、難民、亡命者のせいにしてよいものではない。しかし、移民がグローバル市場の力によって掃き出されただけの、受動的で非政治的な行為者であるという認識も正しくはない。正規の成員資格をもたない人々の側にさえ、分離あるいは分解する市民権の制度のなかで芽を出している、新しい政治的行為体の様式が存在している。[16] これらの新しい様式は、政治的な市民資格と運動の意味を変えつつある。「市民意識の衰退」を論じる理論家たちは、これらの政治運動の新しい主体と新しい様式を無視しているのである[17]（第5章以下を参照）。

マイケル・ウォルツァーは、正義論と民主主義理論の両方にとって成員資格が重要であることに言及した、数少ない理論家のひとりである。彼の立場は、人権規範と集合的自己決定への二重の忠誠によって引き起こされるとみなされた、民主的正統性の逆説のひとつの局面のもとで組み立てられている。ウォルツァーは普遍的な人権要求に関しては懐疑的である。あるいは不可知論的であるといったほうがよいかもしれない。彼は政治的主権者の意志を特権化し、その一方で、そうした行為や政策から生まれるかもしれない不正義や不平等を、公平と同情、感覚的な文脈的推論と道徳的な寛大さの考慮によって改革しようと試みている。ここで論じたいのは、そうした戦略は魅力的にみえるかもしれないが、それでは不十分であり、自由民主主義体制における政治的成員資格のディレンマが、これらの政体の自己定義および自己構成の核心に及んでいるということである。なぜなら、それらはまさに自由民主主義体制であるがゆえに、人権の要求と政治的な主権性要求との構成的なディレンマのもとで組み立てられているからである。

移民が「良き市民」たりうると認められたときでさえ、共同体による管理の提唱者たちは、国境を越えた移動の質と量の定義は民主的な国民のみの主権的な特権でありつづけると主張する。それゆえ、『正義の領分』でのウォルツァーにとって、政体は移民の場合であろうと、難民の場合であろうと、亡命者の場合であろうと、自らの国際的な義務の範囲内に収まるとみなされるかぎり、最初の入国の条件を自由に定義することができなければならない。「実際、多くの難民を受け入れることは、ときに道徳的には必要であろう。しかし、その流れを抑制する権利は共同体の自己決定の特徴でありつづける。相互支援の原則は個別の共同体の自己理解にもとづいた入国政策を修正することができるだけであって、それを変えることはできないのである」(Walzer 1983, 51. 強調は引用者による)。開かれた入国政策ではなく、対外的な経済支援と開発援助をつうじて難民や亡命者を助け、難民を故国に帰させる、もしくは故国を出ないように促進することが自らの責任にかなうと判断されるならば、それもまた可能でなければならない。たとえば、一九九〇年代にハイチを逃れた大量の難民に直面したとき、クリントン政権は(追放された)ジャン゠ベルトラン・アリスティド体制の復帰を可能にするために介入し、そうすることで難民の帰国を保証した。マイケル・ウォルツァーの視点からみれば、これは自らの道徳的な義務を果たすのに完全に受け入れられる方法であろう。またウォルツァーは、いったん個人がある国に入国するのを認められたならば、永遠に外国人でありつづけることはできず、帰化しなければならないとも論じている。しかし、こうした主張の根拠は明らかではない。ウォルツァーの見解には、成員資格への人権といったものはもちろん存在しない。どうして現存する政体が外国人を帰化させる義務を感じるべきなのかは、説明されていないのである。

それでは、「個別の共同体の自己理解にもとづいた入国政策」とは、正確にはどのようなものなのだろうか。こうした公式は、難民や亡命者の権利を認めることが「共同体の文化的な自己理解を薄め、あるいは傷つける」ということを理由にして、諸国家による彼らの権利への道徳的および法的な公約を踏みにじることになりはしないだろうか。ウォルツァーはこう述べている。「文化や集団の独自性は囲い込みに依存しており、それなくしては人間的な生活の安定した特徴とはみなされえない。ほとんどの人々(そのなかにはグローバルな多元主義者もいれば、あるいは並ぶものなきローカルな絶対主義者もいるけれども)がおそらく信じているように、もしこうした独自性が価値だとすれば、そのとき囲い込みは何ほどか容認されなければならない。あるレヴェルの政治組織では、主権国家のようなものが、自らの入国政策を決定し、移民の流れを統制し、ときには制限するための権威を形成し、そのことを主張しなければならないのである」(Walzer 1983, 39)。

この文章では、「文化や集団の独自性の価値」から囲い込みの必要への、そして「主権国家のようなもの」が境界線を管理し、入国政策を決めることの正当化への、性急なすべり込みがみられる。ウォルツァーは、一元的な「文化的共同体」という方法論上の虚構と制度的政体を区別していない。多元主義的な伝統をもつ民主的政体は、多くの文化集団や下位集団、多くの文化的伝統とそれに反対する伝統から成り立っている。さらに、「国民」文化それ自体も、多くの伝統、物語、そして歴史的専有がせめぎ合う、多様性によって形成されている。ウォルツァーも、このことをまったく否定しているわけではない（Walzer 2001 参照）。それでは、文化や集団の独自性を維持するのに必要とされる囲い込みとは、実際いかなるものなのだろうか。

そこで、文化的統合と政治的統合を区別し、強固な自由民主主義体制では、国境の入りやすさは現存する民主的な多様性の脅威ではなく、むしろ、それを豊かにするものであると主張することにしたい。文化的共同体は自らのアイデンティティの規定的な価値を生み出す価値、規範、そして伝統への成員たちの信奉のもとで組み立てられており、それゆえ、それらに従いえないことは彼ら自身の成員資格と帰属の理解に影響を及ぼすことになる。しかし、こうした文化的な定義や物語をめぐっては、実際のところ、つねに論争と刷新がある。厳格だが非正統派のユダヤ人であることは何を意味しているのか。近代的なムスリム女性であることは何を意味しているのか。中絶支持派のカトリックであることは何を意味しているのか。文化的伝統とは、こうした解釈と再解釈、専有と転覆の物語から成り立ったものである。文化的伝統が生き生きとしたものになればなるほど、その核となる要素についての論争も激しくなるであろう（Benhabib 2002a）。ウォルツァーは「われわれ」を喚起する。「われわれ」とは、対立のないアイデンティティ、「裂け目」のない統一体である。それは便利な方法論上の虚構ではあるが、それが政治論争にもたらす帰結は不愉快なものでもある。

政治的統合とは、機能的な政治共同体を形成するために諸個人をまとめる実践と規則、立憲的な伝統と制度的な習慣を表わすものである。この役割は二面的な次元をもっている。それは経済と国家およびその行政的装置を動かすことができなければならないが、そのためには社会の主要な制度の正統性への信頼という次元もなければならない。近代国家の法的＝合理的な権威は、行政的および経済的な効率性だけでなく、その正統性への信頼にも依拠している。実際のところ、近代国家は競合かつ共存する世界観の多元性を前提としているので、政治的統合の原理は文化的アイデンティティの原理よりも必然的に抽象的で、より一般化可能なものとされている。近代国家では、政治的生活はわれわれにさまざまな要求を課している多くの存在領域のひとつである。個人的アイデンティティと個人的忠誠との、公共的選択と私的関係との分離が、自由民主主義体制における市民の自由を構成しているのである。

もちろん、現存する政治共同体のあいだには、こうした政治的統合の構成要素に関して何ほどかの変差もあるだろう。市民的および民族的なナショナリズムの類型は、そうした範囲を指し示すものである(Cesarani and Fulbrook 1996)。それにもかかわらず、自由民主主義体制では、人間および市民の権利、立憲的な伝統、そして選挙や代表の民主的な実践が、政治的統合の核心的な規範的要素となっている。市民および外国人、国民および外国人居留民が尊敬と忠誠を示さなければならないのは、それらに対してであって、何らかの個別の文化的伝統に対してではないのである。

ウォルツァーは（少なくとも『正義の領分』では）[18] 文化的統合と政治的統合を混同しており、それゆえ、移民と帰化政策に関する彼の抜け目のない主張の多くは、カントが「恩恵の契約」と呼んだものの帰結であるという印象を与えている。これらの政策は人権をめぐる確固たる理解には制約されておらず、それらが依拠しているのは何らかの原則というよりも、結局のところ、民主的な国民の道徳的な善意と政治的な寛大さにすぎないように思われる。たしかに、そうした善意や寛大さはいかなる政体の民主的な正統性の文化にとっても重要であろう。しかし、ウォルツァーはどのような制約が民主的な多数派の意志に課されるべきかについては何も明らかにしていない。

ウォルツァーは、一方で道徳的人格としての人権の担い手であり、他方で市民の権利の担い手で主権者の成員でもある、近代の民主的主権者の成員の二重に分裂したアイデンティティを主題化していない。彼の見方では、普遍的な人権原則と主権的な自己決定の必要性との二元論は、集合的な自己決定への権利のために排除されている。繰り返していえば、市民のアイデンティティは厚い文化的な被膜を施されており、その一方で、人権はたんに文脈的なものとしか扱われていないのである。

エドマンド・バークのフランス革命批判を何ほどか思い起こさせる文章のなかで、ウォルツァーはこう述べている。「実際のところ、男たち女たちは生命や自由を越えた権利をもっている。それはわれわれの共通の人間性から生まれるのではない。それは共有された社会的善から生まれる。それは性格上、ローカルで個別的なものである」(Walzer 1983, xv)。われわれは共有された「社会的善」の構想が、いったい、どのようにして権利の構想を提供することができるのかと問いたくもなるかもしれない。なぜなら、せめぎ合っている社会的善の構想を仲裁するときに呼び出されるのは、たいてい権利要求にほかならないからである。

民主的な国民は自らを主権的なものとして構成する。なぜなら、彼らはいくつかの人権の原則を支持しており、彼らの結社をめぐる関係はこれらの権利を解釈し、それらを具体化するものだからである。もちろん、人権の正しい解釈や市民の権利の内容は、前提となる社会の具体的な歴史的伝統と慣習に照らして理解され、表明されなければならない。しかし、これらの原則はその妥当性においても、あるいは内容においても、個別の文化的および法的な伝統での具体化をつうじてのみ汲みつくされるものではない。それらは文脈を超越した妥当性要求をもっており、排除された人々や虐げられた人々、周辺化された人々や侮蔑された人々は、その名のもとで政治的な行為体や成員資格を要求しているのである。労働運動から女性参政権運動にいたる、反差別運動から反植民地運動にいたる、民主的な改革と革命の歴史は、これらの権利の名宛人の輪を広げ、その内容も変えるものであった。これらの権利が、「共有された社会的善の構想から」排除され、「ローカルで個別的なもの」によって不平等、抑圧、周辺化の烙印を押されてきた人々によって呼び出されうるのは、それらがまさに文脈を超越した性質をもっているからである。結局のところ、ウォルツァーの文化的な絆や紐帯という見たところ丈夫な茂みのなかで、人権はもっともか細い道徳の葦となっているのである。

デイヴィッド・ジェイコブソンは、移民、難民、庇護の権利レジームが国民国家に及ぼしている有害な効果について、より明白に論じている。移民および難民と庇護の問題において主権国家の意志を制約する国際人権レジームの成長と国際規範の普及は、国民国家をあまり健全ではないかたちに矮小化している（Jacobson 1997）。ジェイコブソンの懸念は、さまざまな形式で表明されている。第一に、ある政体に外国人があまりにも多く、そしてあまりにも性急に吸収されることは、その政体を混乱させ、その性質を変えるかもしれないという議論がある。こうした条件のもとでは、国家は自らの文化的アイデンティティを守る権利をもつべきである。第二に、自国の文化的アイデンティティが薄められるのを防ぐために、国家は入国の条件もしくは市民資格の取得の条件をかなり厳しいものにすることができる。帰化を容易にすべきだという道徳的義務はないのである。第三の戦略は、移民であれ、難民であれ、亡命者であれ、すでに国内に住んでいる外国人の社会的および経済的な資格付与と便益を減らすことである。

そうすれば、国内にとどまろうとする動機、あるいは入国しようとする動機はかなり小さくなるであろう。

これらの議論のうちどれかは、ときにはこれら三つのすべてが組み合わされたものが、日常の政治ではよく聞かれる。近年、アメリカ合衆国とヨーロッパ連合（EU）の加盟国はそのような処置をたくさん講じることで、ともに自らの入国および統合政策を制限している。たとえば、一九九六年の合衆国の改正移民法は、非合法移民に市民資格を付与するプロセスを加速したけれども、その一方で、合衆国議会は同年、高齢者や障害者への食糧切符や財政支援を含むいくつかの福祉的な便益を、合法であれ非合法であれ、すべての移民から奪うという法案を提出した。この法律は一九九六年八月二二日に通過したが、それはこの日付以前に合衆国への入国を認められた人々にも適用されたという点で、その厳しさにはただならぬものがあった。翌年この法律は無効とされ、一九九八年六月には、食糧切符が一九九六年の八月以前に合衆国に入国した児童、老人、障害者に取り戻された。

こうした主権的な自己表明の情け容赦ない処置にもっとも強く反対する議論が、オーウェン・フィスによって提示されている。フィスは、アメリカの憲法上の伝統という文脈のなかで判断すれば、これらの政策は「移民に社会的な障害を押しつける立法が合衆国憲法に、とりわけ、すべての人間、すべての市民ではなく、すべての人間に平等な法の保護を保障するとした憲法の規定に合致しうるのかどうかという問題を、とくに緊急かつ明白に提起したものである」（Fiss 1998, 4）と指摘している。合衆国の移民法は主権的な特権のモデルを捨て、国際人権規範を立法府の意志や裁判所の判決を拘束するものとして受け入れるようになった。法学者のピーター・シュック（Schuck 1998）とジェラルド・ノイマン

（Neuman 1996）は、そうした変化にもとづきながら、どうしてこれらの争点をめぐる現代の論争が、もはや受け入れ国の文化的アイデンティティの観点からは形成されえないのかを立証している。そして、彼らはまた移民たちの権利要求にも焦点をあてている[19]。外国人という地位は、もはや権利を剥奪されるものではない。自らが居留民となっている国において、外国人は人権だけでなく、かなりの市民的および政治的な権利も享受している。彼らは自分たちを国外退去させ、弁護人なしで拘留する移民当局の決定に異議を申し立てることができる。外国人であることは、しだいに裁判所によって保護される地位に、非合法の外国人に対する差別事件においてさえ「綿密な検証」にかけられる地位になっているのだ。

市民衰退学派は、民族文化的な共同性としての民主的アイデンティティという貧困なモデルから出発し、移住に関する自由民主主義体制内の論争の不和を最小化している。理想化されたモデルの市民資格の一側面、すなわち、共有された言語と文化的遺産の側面のみに焦点をあてながら、彼らは政治的権利と文化的アイデンティティの弁証法が展開される制度的空間を軽視しているのである。その原因が何であれ、移住はまさしく自由民主主義的な諸国民の自己理解に根本的な異議申し立てを提起しているのだから、市民衰退論者たちが行なっているように、共有された文化的共同性がつねに人権の要求への切札になると想定することは経験的にもまったく間違っている。むしろ、ここで現われているのは、移民論争の場で自らの集合的アイデンティティの条件を交渉しつづけている、内的に分裂した政治共同体なのである。

以下の章では、まず権利要求の討議理論的な分析を行ない、現代ヨーロッパの市民資格の実践の変容をめぐる社会学的な事例研究を展開することにしよう。グローバリストとは対照的に、そこでは再配分の問題が、微妙かつ興味深いかたちで成員資格に影響を及ぼしていることを示したいと思う。たとえば、一九五〇年代と一九六〇年代には、外国人労働者たちは受け入れ国と移民自身の両方にとっての相互利益となる経済的配置を求めてヨーロッパ諸国に入国したけれども、ヨーロッパの権利レジームが進歩するかなりあとまで、これらの配置だけでは開かれた市民資格の政治が現われることはなかった。正しい成員資格の実践と制度は、再配分的な正義の問題には還元されえない。むしろ、この両者は相互に関連し合っているのである。

共同体主義者たちがグローバリストたちに反対して、ローカルな民主的条件がいかなる成員資格の論争にとっても重要であると論じているのは正しい。逆に、彼らが軽視しているのは、権利とアイデンティティとの、政治的制度と文化的共同体との決定的な相互依存である。ヨーロッパの市民資格の変容をめぐる事例研究は、それを証明しようとしたものである。ヨーロッパの権利レジームの拡大は、外国人労働者を受け入れ国の法的、政治的、文化的なシステムへと統合し、政治統合、すなわち公式の市民資格の取得へと向かう原動力もまた生み出している。

それゆえ、移住の現象は、現代世界の庇護申請者や難民の状況とともに、自由民主主義社会のもっとも深い関心と情念のいくつかに触れている。普遍主義者やコスモポリタニストたちは、ヨーロッパや北アメリカの豊かな国家の閉鎖的な政策が、より綿密な哲学的検証には耐えられない、組織化された形式の偽善であると判断している。その一方で、市民衰退論者たちは、自由民主主義社会にとって等しく重要であるが、世界規模の移住によって脅かされているとみなされた、法の支配、活気のある市民文化、積極的な市民意識といった価値へと向かっている。

本章では、移住と国境を越える正義が、配分的な尺度だけでは言及されえないことを論じてきた。私は市民衰退論者たちとともに、民主的な自己統治が基本的な政治的善であることには同意するけれども、彼らの倫理的および政治的な統合の見解には疑いをもっている。そして、彼らの権利とアイデンティティの弁証法に関する視座が、移住運動と国境を越えた正義が扱われなければならない枠組みのなかでは不十分であると論じてきた。そうした枠組みを展開することが、つぎの二つの章の課題となるであろう。

4 市民資格の変容——ヨーロッパ連合

非基礎づけ主義的な人権論

これまで、私は人権という概念をあまり説明せずに用いてきた。第1章では、カントの前提に依拠して、歓待の権利の背後にある哲学的な戦略を解明した。また第2章では、アレントの権利概念の曖昧さをめぐる議論のなかで、その用語の道徳的な意味と法的＝市民的な意味も区別した。こうした戦略に従ったのは、部分的には、自由民主主義体制の規範的な公約をめぐる内的矛盾を明らかにしようと試みたからであった。それでは、倫理学の討議理論における権利の地位はいかなるものなのだろうか。権利要求の討議倫理的な正当化は、「権利論争」をいつも苦しめている袋小路の向こうへと、われわれを導くことができるのであろうか。

ジェレミー・ベンサムが自然権への信念は「大げさなたわごと」(Bentham 1843, II, 501) であるという皮肉を述べてからというもの、権利要求は人間のいくつかの道徳的特性もしくは属性を表わすものと誤解されてきた。「自然権」をめぐる言語は、道徳的根拠に関する要求を、現存する道徳的存在者の身体的および心理的な属性の外見的な記述と混同してきたという点において、自然主義的な誤謬を犯したものであった。すなわち、それはなぜわれわれが何らかの種類の行為もしくは不作為、資源もしくはサーヴィスへのたがいの要求を認めなければならないのかという理由を、個人は自己保存の追求(ホッブズ)か、生命、自由、財産の保護(ロック)のためにしか行為することができないという記述と混同してきたのである。自然権論争は、ホッブズ、ロック、ルソーの著作においてみられたように、「それぞれの生きている存在は自らの自己保存へと向かう傾向にある」といった心理学的公理と、「平和を求めよ、そして、それに従え」(Hobbes [1651] 1966, 92) という種類の道徳的命法のあいだで揺れ動くものであった。歴史的にみれば、権利要求一般を指し示すための所有および財産という用語の幅広い活用は、個人的な要求と資格付与の領域を境界設定するのに役立ち、それらに不可侵性を与えるものだったのである(Tuck 1979 参照)。

自然権理論の政治的想像力は、あらゆる人間的な財と資源を急速に売買されうる資産へと変えた、初期資本主義の商品経済によって深く形成されたために、権利論争をただちに所有論争へと還元した。G・W・F・ヘーゲルがロックとホッブズに関して辛辣に述べていたように、こうした混同におけるアイロニーは、生命と自由への自然権は所有権とちがって譲り渡すことができず、商品化されえないものであるにもかかわらず、所有権それ自体が範例的なものとみなされるようになったことにある

(Hegel［1821］1973; Benhabib 1984)。しかし、個人が権利の担い手として認識されうるのは、彼の生命と自由への権利が所有権へと還元されるからではなく、それらが売買されうる資産ではないかぎりにおいてのみである。

　権利要求を説明するためには、所有をめぐる自然主義的な誤謬も、その範例的な使用も繰り返してはならない。そこで、権利要求とは、たいてい以下のような種類のものであると想定しておこう。すなわち、それは「あなたと私が何らかの方法で行為し、また別の方法では行為しないことの、そして、何らかの資源やサーヴィスを享受することの相互的な要求を尊重すべきであるということを、私は十分な根拠をもってあなたに正当化することができる」というものである。

　『人倫の形而上学』において、カントはひとつの基本的な権利＝正しさがあることを提起している。「それ自体あるいは自らの格率によって、各人の意志の自由を普遍的な法に従って他のあらゆる人の自由と共存させうる行為はすべて正しい［*gerecht*］」(Kant［1797］1996, 133)。ここでは、この公式が共和制的な主権者の意志に先立つといわれている、基本的な諸権利の目録に関するものではないことに留意しておこう。むしろ、この原則は道徳律に従った法的＝市民的な秩序がどのように成立しうるのかを規定している。「権利の原則」は、伝統的な自然権理論のように、各人の意志を平等に拘束する一般的な法体系にもとづいた政治秩序のみが正統であることを基本的に述べたものである。一般性と形式的相互性は、法の支配の、法治国家《レヒトシュタート》の思想にもとづいた政治秩序の特徴なのである。

　カントのこうした権利論の説明、もっといえば、その改善は形而上学的な前提に依拠しているのであろうか。カント的な権利の原則である、法の支配のもとでの人格への道徳的尊重にもとづくものとしての政治権力という思想は、形而上学的な関与によって損なわれているのであろうか。カントの道徳哲学の形而上学的な二元論は、彼の権利と正義の教義にも影響を与えているのであろうか。このような懸念は、「権利をもつ権利」をうまく正当化することができるのか、というハンナ・アレントの懐疑論の背後にあったものでもある（Arendt［1951］1968, 298–299)。

権利の原則をめぐるポスト形而上学的な正当化は、以下のような点でカントのものとは異なっている。すなわち、討議倫理で問われているのは、各人が自己矛盾なく万人のための普遍的な法であると意志しうるものは何であるのかではなく、いかなる規範および規範的な制度的配置が、討議と呼ばれる特殊な道徳的論争の参加者であれば影響されるであろう、すべての人々によって妥当とみなされるのかということである。そこでの力点は、各人が思考実験をつうじて万人にとって妥当であると意志しうるものから、あなたと私が対話のなかで、十分な理由をもって、単純に「行為の一般的な規則」と理解される何らかの規範の妥当性についてたがいに考察する、正当化のプロセスへと移っているのである。人間をたんに手段ではなく目的として扱うことをめぐるカントの遺産と、こうした討議的な正当化の原理との関係は、トマス・ネーゲルによってこう簡潔に述べられている。「もしあなたがだれかに、共有してもらうのに十分な理由を与えられそうにない目的に奉仕するよう強制したならば、あなたは彼をたんなる手段として扱っていることになる。なぜなら、あなたがその目的は彼自身にとって善きことであるとみなしても、彼はそう思ってはいないからである」(Nagel 1991, 159)。

こうした討議倫理を経由した、カント的な権利の原則のポスト形而上学的な再定式が成功しているかどうかは、「十分な理由」とか「合理的な討議」といったものが何を表わしているのかにかかっていると主張されるかもしれない。討議倫理への反論は、それが論点をたくみに回避しているということ、すなわち、それが先決問題要求の虚偽にかかわっているということである。これは重要な問題であるが、それについては一〇年ほど前に『自己を位置づけること』(Benhabib 1992) のなかで論じたことがある。そこでの試みがこうした反論に応えられたかどうかはわからないが、ここでは道徳的正当化をめぐる討議理論の観点から権利の原則を再述することが、なぜそれに関連するすべての論点を回避しているわけではないのかを繰り返しておきたい。

まず、こうした議論の関心は道徳一般の領域にあるのではない、ということを思い起こしておこう。ここでの問いは、ポスト形而上学的な権利論の正当化が可能かどうかということである。その信念上の答えはこうである。「もし私があなたに、なぜあなたと私が何らかの方法で行為することが正しいのかを正当化することができるならば、そのとき私はわれわれの両者に等しく適用される理由にもとづいて、あなたが私に合意もしくは反論する能力を尊重しなければならないであろう。しかし、あなたのコミュニケーション的自由の能力、すなわち、理由にもとづいて容認あるいは拒否する能力を尊重することは、あなたの人格的な自律性の能力を尊重することを意味している。人権もしくは基本的権利は、したがって、あなたの人格的な自律性の行使を下支えし、それを可能にする規範なのである」。この公式において留意してもらいたいのは、「十分な理由」に何らかの実質的な内容を付与することを、あるいは、諸個人が討議的な正当化を行ないうるとみなされるためには、彼らにいかなる認知的、心理学的、その他の属性を付与しなければならないのかを特定することさえも避けていることである。さらに、ここでは討議的な正当化が道徳の領域を汲みつくすと主張されているのでもない。というのも、われわれは、われわれとの討議に入ることのできない人々に対しても、明らかに道徳的な義務を負っているからである（先述の一一～一三頁を参照）。その起源が討議的プロセスの外部にあるかもしれない規範でさえ、それが問題にされるときは討議的に正当化されなければならないと主張されるのである。

基本的権利もしくは人権は、人格的な自律性の行使を可能にする条件である。何よりもまず道徳的存在として、あなたは正当化への基本的な権利をもっている（Forst 1999）。あなたの自由は、万人に等しく適用される、相互的かつ一般的に正当化しうる規範をつうじてのみ制限されうる。道徳性の領域では、一般性は普遍性を意味している。そして、普遍性は等しく尊重と関心を付与された存在とみなされる、すべての人間に妥当するものを表わしている。それは『自己を位置づけること』（Benhabib 1992）のなかで、平等主義的相互性と名づけられたものである。

それでは、こうしたコミュニケーション的自由への基本的権利をめぐる高度に抽象的で形式的な考察から、現存する政体の個別の権利レジーム、法体系、憲章、そして条約への移行は、いったいどのようになされうるのだろうか。自由民主主義体制の言説は、人権という文脈や共同体を超越した妥当性の次元と、歴史的に形成され、文化的に生成され、社会的に具体化された、現存する法的＝市民的共同体の個別性の両方によってつくられた緊張に必然的にとらわれている。そこでの論点は、これらの道徳的な二者択一のどちらか一方を支持することで、こうした緊張を否定することではなく、普遍的なものを具体的な文脈のなかに位置づけなおす、もしくは再反復することで、それらの相互依存を交渉することである。もし普遍道徳的なものを法的＝市民的なものと同一視するならば、何ほどか微温的な形式の共同体主義か、倫理的相対主義におちいってしまうであろう。もし法的＝市民的なものと、さまざまな体系や伝統の許容可能な変差の範囲（諸権利の一覧表として言及されたもの）を無視するならば、政治的なものは道徳的なものの名のもとで退けられてしまうであろう。

成員資格への人権

基本的権利もしくは人権のコミュニケーション的な再公式化は、カントやアレントが格闘していた謎を解くのに役立つであろうか。カントは一時的な滞在の権利と永遠の居留の権利との溝を橋渡しすることができなかった。アレントは国籍剥奪の実践と無国籍であることとの条件を、まったくの権利の喪失とほとんど等価であるとみなしていた。無国籍者や地位を奪われた人々に成員資格を保証する新しい人間共同体の創設以外に、彼女はこうした苦境へのいかなる解決も提示することができなかった。しかし、いかなる新しい政体も内部者と外部者との、正規の市民である人々とそうでない人々とのディレンマを再生産するほかないので、なぜそうした実践だけがアレントの提起している問題を解決するのかを理解することは難しいのである。

自らも一九三五年から一九四一年まで無国籍者であったアレントの関心のいくつかが、第二次世界大戦の終結後、制度的に言及されるようになった。一九四八年の世界人権宣言は恣意的な国籍剥奪を、[1]すなわち市民資格の地位の喪失を禁止し、国籍の喪失を基本的人権の侵害であるとみなしている。残念ながら、脱植民地化の過程で新しく形成された国民国家は、一九六〇年代以後、国籍剥奪を繰り返し行なっている。国際社会は、植民地化による傷がいかなるものであったとしても、それらの国家が人々を無国籍にすること以外にも、経済的、社会的、文化的な不公正を是正する方法があることを、声を大にして、そして明白に伝えなければならない。脱植民地化の途上にある国家を、国籍剥奪の実践ゆえに非難している自由民主主義体制は、それに対する禁止の裏面として、帰化、すなわち市民資格の許可を自ら受け入れなければならない。あなたが諸個人を意のままに無国籍にすることができないように、あなたは主権国家として彼らの成員資格を永遠に否認することもできない。あなたは何らかの成員資格の基準を定めてもよいが、それは他者があなたの政体の成員になることを永遠に禁じられるようなものであってはならない。神権政治的、権威主義的、ファシズム的、ナショナリズム的な体制はこれを行なおうが、自由民主主義体制はそうしてはならないのである。

そこで、成員資格への人権を正当化すると同時に、成員資格の喪失あるいは国籍剥奪を禁止することが、コミュニケーション的自由への基本的人権によって可能にされることを論じることにしたい。

最初に、出身国以外の国に定住しようとする諸国民の国境を越えた移住、地理的な移動のさまざまな段階を区別することにしよう。移住は出国（出発の最初の原因と条件）、外国への実際の最初の入国、短期もしくは長期の市民的、経済的、文化的な吸収（訪問、ビジネス、研究）、編入、すなわち永住的な居留、そして最後に、帰化、すなわち政治的市民資格の入手を含んでいる。自由主義の伝統は自らの出身国を立ち去る権利が、たとえ不完全なものであるとしても、基本的な人権であると長らくみなしてきた。たとえば、ロックは「どのような人間であれ、自らの自然的自由を捨て、市民社会の拘束を受ける唯一の方法は、共同体に加入し、結合することを他の人々と同意することによってである」（Locke

［1690］1980, 52）と述べている。トマス・ジェファーソンはこれにいっそう衝撃的な公式を与え、それを「選択ではなく偶然がその人間の地位を定めている国から離脱する天与の権利」（Jefferson［1774］1984, 4）と呼んでいる。自由主義の伝統にとって、この離脱あるいは出国する権利は、彼または彼女のコミュニケーション的自由の行使の基本的な前提条件を、理由をもって容認もしくは拒否する資格を付与された、それ自体自律した存在としての人間という見解にもとづいた基本的権利である。たしかに、自らの居留国の選択はそれらの基本的な前提条件のひとつである。市民はそれぞれの国の受刑者ではない。彼らが意のままに自由に立ち去ることができなければならないだけでなく、自由主義国家もまた、パスポートや出国ヴィザを拒否したり、法外な出国税を課したりすることで、脱出の条件を不可能にしてはならない。そのうえ、どのような国家も国籍離脱者に対して、彼または彼女が生まれた領土への再入国を禁止する権利をもっていない。もし問題となっている個人が、彼または彼女の市民資格を自発的に放棄したのではないとすれば、自らのかつての市民資格を回復するための手続きがなければならない。自由民主主義国家の自らの市民に対するこれらの義務は、そうした統一体の市民は自らのコミュニケーション的自由の基本的な行使を認められた法的同胞とみなされるべきであるという原則から派生している。そして、こうしたコミュニケーション的自由にとって欠かしえないのは、何らかの国境線の内部で存在するという同意を撤回する権利なのである。

もちろん、こうした問題の提示のしかたは、非常に個人主義的な社会契約論の前提をつうじて屈折させられたものである。移住の理由がたんに個人的、あるいは気質的なものであることはほとんどない。たいていの場合、移住の根本原因は、貧困や飢饉、人種、宗教、エスニシティ、言語、ジェンダー、性的嗜好にもとづいた迫害、そして民族抹殺、ジェノサイド、内戦、地震、伝染病といったものである。これらの出来事は、移民だけでなく、難民、亡命者も生み出している。明らかに、移民にとっての最初の入国条件は、難民や庇護申請者のそれとは異なる種類のものである。国家は移民の場合の入国条件を規定するのに、難民や庇護申請者に直面したときに行なうよりも多くの決定権をもっている。その一方で、後者の集団に対する国家の義務は道徳的なものであり、「難民の地位に関するジュネーヴ条約」(United Nations 1951) とその一九六七年の議定書に調印した国家にとっては法的なものでもある。

いったん最初の入国が行なわれると、自由主義国家は、自らが受け入れた人々にいかなる義務を負うのだろうか。そこに成員資格への人権はあるのだろうか。ここでは、そうした権利が存在し、それが国籍剥奪に対する禁止の裏面であることを論じることにしたい。討議理論の立場からみれば、道徳的議論は以下のように展開されなければならない。「もしあなたと私が道徳的対話に入るならば、そして、私があなたが成員資格を求めている国家の成員であって、あなたがそうでないならば、私はあなたに十分な根拠をもって、われわれの両方にとって等しく受け入れられる根拠をもって、なぜあなたがわれわれの結社に加わり、われわれの一員となることができないのかを示すことができなければならない。これらの根拠は、あなたが私の状況にあり、私があなたの状況にあると仮定して、あなたが受け入れるであろうものでなければならない。われわれの理由は相互的に受け入れられるものでなければならない。それらはわれわれの両者に等しく適用されるものでなければならないのである」。このように相互的に受け入れられる根拠はあるのだろうか。あなたの存在の種類ゆえに、すなわち、あなたの人種、ジェンダー、宗教、エスニシティ(2)、言語共同体、あるいはセクシュアリティといった、あなたの内因的で非選択的な属性ゆえに、あなたを成員資格から除外したという理由は、明らかに許容されうるものではない。なぜなら、そのとき私はあなたのコミュニケーション的自由を行使する能力を、運命か偶然によってあなたに与えられた、あなたが選んだわけではない特性に還元しているからである。（歴史的には、改宗はつねに外部者を国家へと受け入れるための方法と考えられており、それゆえ内因的ではなく選択的な属性とみなされていた。）何らかの個人の集団をそれらの人間存在の種類ゆえに成員資格から永久に除外するという理由は、相互的に受け入れられるものではないのである。しかし、あなたが成員となるためには何らかの資格、技能、そして資産を証明しなければならないと規定する基準は許容されるであろう。なぜなら、それらの基準はあなたのコミュニケーション的自由を否定しないからである。滞在の長さ、言語能力、市民的基礎知識の何らかの証明、物質的資産の公開、あるいは市場化されうる技能といったものは、たしかに実際には悪用されるものばかりであるかもしれないが、規範理論の立場からみれば、自らを人間存在に固有のコミュニケーション的自由を尊重する結社とみなす、自由民主主義体制の自己理解を侵害しない条件なのである。

　こうした成員資格への権利には、成員資格を求めている外国人の側での知る権利も含まれている。どうすれば帰化の条件が満たされるのか。この問いへの答えは、だれもが公的に入手でき、その公式において透明なものでなければならず、官僚制的な気まぐれに委ねられるべきものではない。帰化が行なわれるためには、法を遵守するかたちで執行される明白な手続きがなければならず、それが否定的な結果をともなう場合には、たいていの民事事件においてそうであるように、上訴の権利がなければならない。移民や外国人を犯罪者とみなしてはならない。彼らの適正手続きへの権利、自らの言語による陳述の権利、独立した弁護人をつける権利は守られなければならないのである。

成員資格への人権は、二つの大きなカテゴリー、すなわち人権と市民的および政治的権利にまたがっている。結社、財産、契約の権利などのあらゆる市民的権利と、その結果としての政治的権利の付与それ自体が、人権とみなされなければならないと主張しておこう。このことは民主的な共同体の主権的な裁量が制限されることを示唆している。カントによる一時的な滞在の権利と長期の訪問の権利との区別は、もはや支持されえないきではない。いったん入国が行なわれると、成員資格への道は閉ざされるべきではない（先述の第1章を参照）。なぜなら、討議理論的な視点からみれば、私はあなたに、なぜあなたがこの国で永遠の外国人でありつづけるべきであるのかを、十分な根拠をもって正当化することができないからである。永遠の外国人でありつづけることは、あなたのコミュニケーション的自由と道徳的人格性が否定されたことになるのである。

こうした議論の展開に対しては、ある重大な反論が提起されるであろう。成員資格への権利、すなわち帰化への権利が討議倫理的な立場から生じると主張することは、諸権利の特殊な具体化に従った民主的な主権者の意志を拘束するようにも思われる。しかし、あなたはそう反論することで、諸権利の特殊な一覧表を民主的な意思形成のプロセスに押しつけていることにはならないだろうか。諸権利の一覧表のどの程度の民主的な変差であれば、討議理論的な前提と両立しうるのだろうか。先述のとおり、諸権利の原則とそれぞれの民主的主権者によって決定される諸権利の一覧表は区別されていたが、成員資格への権利はそうした区別の侵害とみなされうるのだろうか。

もし成員資格への権利が、特定の政体における特定の内容の市民資格への権利と理解されるならば、こうした権利は道徳的もしくは基本的な人権ではなく、政治的もしくは市民の権利とみなされるべきである、ともっともらしく論じられるかもしれない。しかし、成員資格への人権は、何らかの国の特定の市民資格に関する立法よりも一般的であると論じられよう。ある政体は能力を証明するための筆記試験を要求するかもしれないが、別の政体は口頭での証明だけで満足するかもしれない。ある国は七年の居留を要求するかもしれないが、別の国は三年で満足するかもしれない。ある場合には、オランダ、イギリス、アイルランドのように、永住者に地方選挙での投票権が付与されるかもしれないが、別の場合には、ドイツのように、帰化のあとでしか投票は認められないかもしれない。これらは民主的な国民の権力と大権における変差である。道徳的な視点から反論しうることは、外国人あるいは外国人居留民が完全に市民になるための、何らかの手続きもしくは可能性の欠如であろう。すなわち、もし帰化がまったく認められていないならば、あるいは、もし帰化が宗教的、民族的、人種的な根拠にもとづいて、性的嗜好のような根拠にもとづいて制限されているならば、これは成員資格への人権を侵害することになるであろう。この意味において、成員資格への人権は、権利の原則、すなわち、道徳的尊重を付与された存在としての、われわれがそのコミュニケーション的自由を認めなければならない存在としての、個人の承認という原則のひとつの側面である。(3)

成員資格への人権はたんに抽象的な道徳的「当為」であるだけでなく、さまざまな実践や制度をつうじて、現存する権利レジームへと組み込まれるようになってきた。人権だけでなく、市民的および政治的権利に関する相違の余白もまた、多くの自由民主主義体制では小さくなりつつある。帰化をめぐる主権的な特権は、国家主義の君臨という過ぎ去りし時代の遺物とみなされるようになってきた。非国民および非市民の権利レジームへの統合のレヴェルを考えるならば、国家的な市民資格は諸権利が発生する唯一の基礎ではなくなったのである。

以下では、現代ヨーロッパにおける市民資格の制度の変容を考察するつもりである。現代の制度的な展開は矛盾した方向へと向かっている。それらの展開は一方で国家的な市民資格の重要性を肯定しているのだが、他方では市民と外国人の法的地位の区別を最小化している。そして、それらは一元的な市民資格のモデルをその構成要素へと分解しつつある。

ここで事例研究をつけ加えることで、議論の領域は規範的＝分析的な視座から、制度的＝社会学的な視座へと移される。もちろん、そうした経験的な展開だけが、成員資格の権利をめぐる規範的なディレンマを解消しうると主張したいわけではない。しかし、政治哲学にとって具体的な潮流と変容を検討することは重要である。そこで、自由を「客観的〈精神〉」の世界に位置づけようと試みた、ヘーゲルの『法の哲学』の例に従ってみよう（Hegel［1821］1973）。自らの生を組み立てている制度の矛盾した可能性の内在的な批判をつうじて、われわれは自らの権利と自由をより明らかに理解することができる。とはいえ、ヘーゲル哲学ではそうであったけれども、ここでの考察において和解の目的論が約束されているわけではない。また道徳的な「当為」が、制度的な「存在」に還元されうるというわけでもない。だが、成員資格の権利の領域における現実の制度的変容をより明白に理解するならば、われわれは現在の矛盾した性質をより正しく評価するであろう、というのがここでの見解である。あまりにも長いあいだ、近代国家をめぐる規範的な政治理論と政治社会学はそれぞれ別の道を歩んできた。本書はそれらの実りある共同研究への嘆願でもあるのだ。

社会学的形態の市民権

近代世界の市民資格は、国民国家、多民族国家、あるいは国家連合体の構造をもった、境界づけられた政治共同体の成員資格を意味してきた。形式的＝合理的な行政手続きをつうじて行使され、多かれ少なかれ、文化的に同質的な国民集団の民主的な意志形成に依拠する、領土的に境界づけられた主権性の政治体制は、市民資格を定義し、画定し、管理することによってのみ機能することができた。市民とは領土内で居留する成員資格の権利をもち、国家の行政的な命令に従い、そして理想的には、その名のもとで法が公布され、行政が実施される、そうした民主的な主権者の成員としての個人である。マックス・ヴェーバーに従えば、こうした居留、行政的服従、民主的参加、文化的成員資格の統一性が、〈西洋〉近代国民国家の「理念型」的な市民資格のモデルを構成していると言いうるかもしれない（Weber［1956］1978, 901–926 参照）。こうしたモデルの影響は、それがローカルな条件に十分に対応しているかどうかは別にして、〈西洋〉のはるか向こうへと広がっていった。西欧諸国よりも遅れた地点で国家形成のプロセスを開始した、アフリカ、中東、アジアの近代化途上にある諸国家もまた、それらが成立したところでは、必ずこうしたモデルを模倣してきた。

今日、しだいに脱領土化されつつある政治の世界での市民資格の地位は、どのようなものなのだろうか。現代の条件のもとで、市民資格はどのように変形されているのだろうか。領土性、行政的管理、民主的正統性、文化的アイデンティティという国家の四つの機能の綻びは、市民資格の理論と実践にどう影響を及ぼしているのだろうか。

市民資格の実践と制度は、三つの構成要素へと分解されうる。それは集合的アイデンティティ、政治的成員資格の特権、社会的な権利および要求である。政治理論家たちは主に政治的成員資格の特権に焦点をあてる傾向があるが、社会科学者や社会史家たちは、市民資格の地位に関連する、集合的アイデンティティの形成と権利要求の進化により多くの関心をもっている（Benhabib 2002a, 162–171）。

市民資格とは権能や便益だけでなく義務も付与された地位であるという見解は、T・H・マーシャル（Marshall 1950）から引き出されたものである。マーシャルの市民的、政治的、社会的な権利という目録は、一九世紀および二〇世紀前半の拡大する民主主義に向けた闘争の、累積的な論理をもとに類型化されたものである。「市民的権利」は絶対主義国家の誕生とともに現われたもので、その初期のもっとも基本的な形式においては、生命、自由、財産の保護への権利、良心の自由への権利、そして交易や婚姻の権利といった、いくつかの結社の権利をともなっていた。

狭義の「政治的権利」は、公職に就き、それを求め、自由な報道機関や自由な学問と文化の制度などの、政治的および非政治的な結社を設立する自己決定の権利を表わしている。「社会的権利」は、マーシャルの目録の最後のものである。それらは過去二世紀の労働者、女性、その他の社会運動の闘争をつうじて歴史的に獲得された。社会的権利は、労働組合やその他の専門職および職能別の結社を形成する権利、医療保険の権利、失業給付金、老齢年金、児童手当、住宅、教育助成金をともなっている。これらの社会的権利は国によって大きく異なっており、何らかの所与の福祉国家の民主制において行きわたっている社会階級間の妥協に依拠している（Soysal 1994）。たんなる雇用や適正な生活水準の権利を越えて、それらを何ほどか国際的に同意された普遍的人権の目録に含むことは、それぞれ異なる経済的展望をもった国家間の争いのもとになっている。

そこで、現代のヨーロッパ連合（ＥＵ）の権利レジームを参照することで、市民資格の分解の効果を例証することにしたい。ＥＵ加盟国の市民の諸権利は、地方的、国家的、超国家的な権利レジームのパッチワークのなかで、第三国の国民のそれらとは明確に線引きされている。所与の領土での継続的な居留を国民的アイデンティティ、政治的権利の享受、そして共通の行政的命令への服従と組み合わせてきた、一元的な市民資格のモデルが解体している。だれもが諸権利のうち、どれかひとつをもつことができる。ＥＵの諸国民の場合であれば、その人は国民でなくとも政治的権利をもつことができる。けれども、より一般的には、だれでも外国人労働者であることで、同じ集合的アイデンティティを共有しなくても、あるいは政治的成員資格の特権をもっていなくても、社会的な権利と便益をもつことができる。こうした状況にひそむ危うさは、「永遠によそ者であること」、すなわち所有権および市民的権利を分有する社会のなかに、政治的権利をもとうとしない集団をつくりだすことである（4）。

現代ヨーロッパの市民資格

「欧州憲法条約」（二〇〇三年、ただし、これはまだ加盟国によって批准される必要がある）によれば、そしてマーストリヒト条約（一九九二年）に従えば、「加盟国のすべての国民は、連合の市民でなければならない。連合の市民資格は国家の市民資格に付加されるべきものであって、それに代替されるべきものではない」[5]。ヨーロッパ連合（ＥＵ）の全加盟国、オーストリア、ベルギー、キプロス、チェコ共和国、デンマーク、エストニア、フィンランド、フランス、ドイツ、ギリシャ、ハンガリー、アイルランド、イタリア、ラトヴィア、リトアニア、ルクセンブルク、マルタ、オランダ、ポーランド、ポルトガル、スロヴァキア、スロヴェニア、スペイン、スウェーデン、そしてイギリスの国民は、同時にＥＵの市民でもある。ＥＵの市民であるとは何を意味しているのだろうか。それはいかなる特権と責任を、いかなる権利と責務を人々に付与するのだろうか。連合の市民資格は、かつてのローマ帝国の成員資格[6]のように、たんに地位上のカテゴリーにすぎないのだろうか。連合における成員資格は、越境のさいに正式の出入り口を通過することが認められる、パスポートを所持する以上のことになるのだろうか[7]。

明らかに、連合の成員資格はそれ以上のことを目的としている。それはたんに受動的な地位であるのではなく、積極的な市民的アイデンティティを表明することも目的としている。ＥＵ諸国の市民は連合のどこにでも定住し、彼らが選んだ国で仕事をし、地方選挙や欧州議会の選挙で投票し、立候補することもできる[8]。彼らは、自分が国民である加盟国が代表されないかもしれない第三国の領土において、領事的および外交的代表を享受する権利をもっている。彼らはヨーロッパ議会に請願し、ヨーロッパ・オンブズマンに依頼する権利をもっている（「憲法条約」第一部八条二項、european-convention.eu.int/docs/Treaty/cv00820.an03.pdf）。ヨーロッパの通貨統合および経済統合が進むにつれて、ＥＵ加盟国は連合の市民資格が、ＥＵ諸国の成員であればＥＵのどの国に居留しても享受することのできる、失業給付金、健康保険、老齢年金といった、同等のひとまとまりの社会的な権利と便益へと拡大されるべきかどうかを議論するようになっている。

ＥＵの成員資格の裏面は、非成員である人々の条件をめぐる明確な線引きである。シェンゲン協定とダブリン協定の目的は、庇護および難民の地位を加盟国全体で画一的なものとみなすことを実行することであった。[9]これらの協定は一九九〇年代前半に「法的調和化」と呼ばれていたが、連合における難民および庇護の地位の獲得をしだいに困難にするものであった。[10]一九九七年六月一七日に合意されたアムステルダム条約は、ＥＵ内での帰化、移民、難民、そして庇護の政策をヨーロッパ法の〈第三の柱〉に位置づけ、「開かれた調整の方法」を提起した。〈第一の柱〉は、ＥＵ規模の法と規制を表わすものである。〈第二の柱〉は、共通の安全保障と協力行動、とくに犯罪に立ち向かい、麻薬密輸と戦っている人々にかかわるものである。〈第三の柱〉は「政府間の法」と定義され、任意の同意と協力および国際公法の協定を必要とするものである。これらの領域においては、二〇〇四年までは、全会一致の決定手続きと開かれた調整の方法がとられることになっている（de Jong 2000, 21–25 参照）。ＥＵの加盟国はそれらの移民および庇護政策に対しては主権的な裁量を保持するけれども、アムステルダム条約は移民および庇護政策をＥＵの枠組みのなかに組み込んだのである（van Krieken 2000, 25）。

一九九九年一〇月一五日から一六日、フィンランドのタンペレで達成された欧州理事会の決議は、こうした人権の尊重、民主的制度、法の支配にもとづいた、ヨーロッパ統合への関与をふたたび繰り返すものであった。理事会は、これらの原則が連合の市民だけの排他的な領分とみなされるべきではない、と強調した。「その境遇が正当にもわれわれの領土への入国を求めさせるにいたった人々に、そうした自由を認めないことは、ヨーロッパの伝統と矛盾することになるであろう。同様に、これは不法移民を阻止するための、そして、それを組織し、それと関連する国際犯罪に関与している人々と戦うための一貫した対外的国境管理の必要を考慮に入れながら、庇護や移民に関する共通の政策を展開することを連合に求めているのである」(ibid., 305)。

政府間レヴェルでEU制度の一貫した移民および庇護政策が求められたにもかかわらず、移民や庇護申請者の法的および制度的な条件は加盟国のあいだで大きく異なっている。一九九〇年代の後半と二〇〇〇年代の初頭をつうじて、反移民の右翼政党を政権に就かせた、オーストリア、イタリア、デンマーク、ポルトガル、スペイン、そしてオランダの政治変動が十分に明らかにしたように、移民と庇護の争点はデマゴーグや右派の政治家たちの手中にある、いつ爆発してもおかしくない時限爆弾でありつづけている。

二〇〇二年六月、二〇〇一年の九月一一日の事件の余波のなか、セビーリャでの欧州理事会の閣僚の首脳は、アムステルダム宣言とタンペレ宣言が危機にあり、これまで移民、難民、庇護の問題において実行されてきた開かれた調整の方法が、加盟国の側のより制約的で不寛容な政策に取って代わられるであろうと表明した。

二〇〇三年六月一九日から二〇日のテッサロニキでの欧州理事会の会議の議長決定は、「不法移民、対外的国境、不法移民の送還および第三国との協力に関する共通の政策の展開」に重点をおくものであった(www.eu2003.gr/en/articles/2003/6/20/3121/)。理事会は、各国政府から集められた関連情報を調整する〈査証情報システム〉の開発を強く主張しながら、「第三国の国民の記録、EU市民のパスポートおよび情報システムのための一致した解決に行き着くであろう、生体認証装置あるいは生体認証データ」(ibid.) の使用を奨励している。入国を許可もしくは拒否する決定は依然として各国政府の手中にあるけれども、しだいに情報はEUレヴェルで共有され、ヴィザを発行する手続きも簡素化されているのである。

共通のヨーロッパの庇護体系の創出に向けた非常に重要な段階において、欧州理事会は「第三国の国民および無国籍者が、難民もしくは国際的な保護を必要とする人間であるための要件と地位の最小限の基準」を採用することと、「難民の地位を認可および撤回するための……手続きに関する最小限の基準」(ibid.) の展開を提唱している。

欧州理事会は一九五一年の「難民および庇護申請者に関するジュネーヴ条約」と、一九六七年のその議定書への支持を繰り返しているけれども、EUは送り出し国である第三国とのあいだで、EU領内に非合法に入ってくる、それらの国民の再入国および送還において協力を強化することを求めている。国境管理を厳しくし、不法移民を阻止し、そして庇護の体系を創出しようとする、送り出し国との協力的な試みは増加している。多くの場合、庇護と避難を求めている諸個人は、彼ら自身の国の抑圧的で、非合法で、残虐でさえある体制を逃れているのだから、これらの政府との協力の強化は彼らの人生に破滅的な帰結をもたらしかねない。このような展開によって提起された非常に深刻な危険は、個人的権利にもとづいたジュネーヴ条約の体系の崩壊、そして場合によっては、ファシズムや全体主義への協力もしくは抵抗という自らの過去の歴史に配慮した、個別の国家の難民や庇護申請者への道徳的および憲法上の義務の崩壊である。[11]

EU加盟国への入国政策が厳しくなっている一方で、すでにEU内にいる外国人にとっては、連合の市民資格の進歩は、外国人で第三国の国民である人々と、外国の国民ではあるがEUの成員でもある人々とのあいだに不一致をもたらしている。外国人であることをめぐって二層の地位が進展している。一方で、ヨーロッパ諸国の第三国の国民である外国人居留民がおり、彼らの一部はこれらの国々で生まれ育ち、そのほかに故郷を知らない人々である。その一方で、受け入れ国の言語、習慣、歴史をほとんどまったく知らないかもしれないが、EU加盟国の国民であるおかげで、特別な地位と特権を享受している人々がいるのである（europa.eu.int/scadplus/citizens/fr/d7.htm）。

これらの展開は、国によって異なる実践が行なわれるだけでなく、二分する規範的原則が別々の文脈において働いている、ちぐはぐな光景を映し出している。EU内の市民資格の分解は、いくつかの軸に沿って進展している。

（1）権利の付与は、もはや市民資格の地位に左右されない。合法的な在留外国人は人権レジームへと組み込まれ、そして超国家的および下位国家的な立法行為によって保護されている。

（2）しかしながら、証明書のない在留外国人の状況は、難民や庇護申請者のそれと同じように、合法性と非合法性との曖昧な領域に置かれている。難民や庇護申請者は、申請が認可されるまで自分の住所を決めたり、仕事を引き受けたりすることを認められない。最近になって、申請がまだ処理中の人々でも三カ月の居留後であれば働く権利を認めるという決定が、EU閣僚理事会によって承認された。いくつかの場合には、難民や庇護申請者の子どもたちは学校に通うことができる。一般に、庇護申請者や難民は何らかの形式の医療保険を付与されている。これとは対照的に、証明書のない移民は権利と便益から締め出されており、ほとんどが隠れて生活し、働いている。

(3) EU加盟国への入国条件の決定は、アムステルダム条約とタンペレ条約での声明にもかかわらず、EU法の〈第三の柱〉にとどまっており、EUの共通のガイドラインと「難民の地位に関するジュネーヴ条約」(United Nations 1951) によって設けられた制限のなかで、加盟国の国家的な立法行為によって統制されている。

(4) 入国の許可は依然として個別の国家によって決定されるので、第三国の国民の地位はEUの個別の国境間でかなりの変差に従わされている。移動、住居、雇用の権利は連合規模のものではない。「憲法条約」の第二部四五条は、「移動と居留の自由は、憲法に従って、加盟国の領土に合法的に居留する第三国の国民に付与することもできる」と曖昧に述べている (european-convention.eu.int/docs/Treaty/cv00820.en03.pdf)。

(5) EU全体をつうじて、国民的および文化的な出自と政治的成員資格の特権との分離がみられる。EUの市民資格は、すべてのEU市民に、地方および連合規模の選挙で投票し、公職を求め、それに就くことを可能にしている。これは第三国の国民にはあてはまらない。彼らに対する政治的権利の付与は、依然として彼らの国民的および文化的な出自に結びつけられている。この点においても、いくつかの変化がEU全体をつうじてみられる。デンマーク、スウェーデン、フィンランド、そしてオランダでは、第三国の国民は地方および地域の選挙に参加することができる。アイルランドでは、これらの権利は地方レヴェルでは認められているが、地域レヴェルではそうではない。イギリスでは、英連邦の市民であれば国政選挙でも投票することができる。

(6) 表4－1および表4－2は、さまざまな個人の集団が従っている権利レジームを要約したものである。

EU内での今日の展開は、市民資格の分解だけでなく、国籍と政治的特権との継続的な問題とされる結合も明らかにしている。(12) EU全体をつうじて、政治的市民資格の特権と国籍との分離がEU市民には観察されうるが、第三国の国民にとってはアイデンティティと制度との、国家的な成員資格と民主的な市民権とのつながりがいっそう強められている。その支配的なモデルは、帰化をつうじた、すなわち受け入れ国の国籍を取得することをつうじた政治的権利の入手である。ほとんどのEU諸国は（ギリシャとルクセンブルクを除いて）帰化による市民資格を受け入れている。そして、一九九九年一月のドイツの血統主義的な市民権法の改正後は、ほとんどのEU諸国が、多かれ少なかれ開かれた出生地主義の形式を実践している。

EUへの移民の政治的編入には三つのモデルがある。それはドイツ、フランス、そしてオランダのモデルである。ドイツのモデルは、帰化をつうじた国籍取得、そして自らの出身国の市民資格を放棄する決断の結果としての、第三国の国民への政治的権利の拡張を支持している。両親のどちらかが八年間ドイツの合法的な居留民であったすべての子どもは、自動的にドイツの市民資格を取得する。二三歳になると、彼らはドイツの市民資格か出身国のそれのどちらかを放棄しなければならない。

フランスのモデルは、ドイツのものと同じように、帰化が行なわれたあとでのみ第三国の国民に平等な政治参加の権利を付与するのを認めている。フランスのモデルは、移民の子どもへの出生地主義的な市民資格の付与が両親の居留の地位に左右されないという点で、ドイツのものよりも開かれている。彼らのフランスの市民資格の獲得は、成長期である高等学校の時期にフランスに居留していた場合は自動的である。フランスで生まれた外国生まれの両親の子どもは、もし彼らがフランスで生活し、青年期をつうじて生活していたならばフランス人である。フランスの大地で生まれた移民の子どもは、彼らの両親が申し出れば一三歳で、彼ら自身が申し出る場合は一六歳で、そして一八歳になれば自動的に市民となる。

こうした「帰化をつうじた政治参加」へと向かう潮流のひとつの例外が、オランダのモデルである。このモデルは、外国人は五年間居留すれば都市の市民資格を付与され、都市規模の選挙に参加し、政党を結成することを認められるという点で、まったく独自のものである。アムステルダムのような都市における第三国の国民の居留民への政治的権利の付与は、そのEU内での地位までも変えるものではない。彼らは他のEU諸国に自由に移動し、そこで居留と雇用を引き受けることはできない。しかし、オランダの外国人居留民の利益や意見が自治体レヴェルで代表されるという事実は、彼らが他のEU諸国の第三国の居留民以上に、自らの法的地位に関する国民的な対話の実際的な参加者であることを意味している（Tillie and Slijper forthcoming を参照）。

EU市民の政治参加の権利と、EU全体および各加盟国内の第三国の国民のそれとのあいだに存在する不一致は、今日生まれている二層的な成員資格の地位のひとつの側面である。これと同じくらい重要なことは、第三国の合法的な居留民の移動と雇用の機会の制限である。国家的な成員資格とは区別され

権利レジーム：市民的および政治的権利

第三国の国民，居留民	第三国の国民，一時的	難民および亡命者（手続中）
一部制限 EU 諸国内での移動の権利制約；雇用と契約の権利制約；居留国以外での居住権なし；結社をめぐる政治的権利の一部制限	制限	制限 ホスト国によって規定された以外の移動の権利なし；3カ月後の雇用の権利制限 表現，意見表明，婚姻の自由はあるが，政治的結社の権利はない 庇護／難民の地位に関する決定についての訴訟権の制限
制限 デンマーク，フィンランド，スウェーデンは居留資格を満たした外国人に地方選挙権を付与する；アイルランド，イタリアは地域ではなく地方での権利を付与する（イタリア――法律にはあるが実行されていない）；スペイン，ポルトガルは互恵権を行使する；オランダの諸都市は5年後の市政投票権を付与する；英国は英連邦の居留民および市民に地方および国政での投票権を付与する	無	無
一部 フランスとイタリア：居留民と亡命者は徴兵資格がある（イタリアでは1985年1月1日以後に生まれた者には強制的な軍役はない）	無	無

される。

よび亡命者。
マースとラルカ・エドンに感謝を申し上げたい。Guild（1996, 47–50）をかなり参考

表4－1　現代ヨーロッパにおける最新の

権利と資格の類型	C（市民）	EUR（居留民）	EUT（一時的）
人権／市民的権利 生命，自由，財産の保護；法の適正手続き（ECHR 第6条）；経済，市民社会，文化的生活における結社の権利；表現と意見表明の自由（ECHR 第11条）	有	有	有
政治的権利 地方，地域，国家の全レヴェルで公職に立候補し，就任し，投票する；政治的，市民的，文化的な結社を確立する	有	部分的 国政投票権なし；居留資格の獲得後，地方，地域，および EU の選挙で公職に投票し，立候補し，就任する	無
軍役	有	無	無

略語：ECHR：人権と基本的自由の保護に関する欧州条約。
R：6カ月以上国籍国以外の EU 国に居留する EU 市民；5年後に「永住権」が付与
T：国籍国以外の EU 国に一時的に訪問，居留などする EU 市民。
第三国の国民，居留民：EU 国に正式の居留許可をもって居留する第三国の国民。
第三国の国民，一時的：EU 国に一時的に訪問もしくは居留する第三国の国民。
難民および亡命者（手続中）：申請が検討中で，地位が確定されていない難難民お
注および出典：この情報を収集，整理するにあたってご助力いただいたウィレム・
にさせていただいた。

最新の権利レジーム：社会的権利

第三国の国民，居留民	第三国の国民，一時的	難民および亡命者（手続中）
有	無または制限 たとえば学生	無
部分的 ホスト国および受け入れ国との雇用契約の条件による	無 （出身国）	無
部分的 労働契約による；居留許可の停止，および更新されない地位にいたることもある	無	無
有	一部 たとえば学生	一部
ほとんど 低所得家族の住宅への助成；一部のケースでは自らの言語での子どもの教育；育児施設	一部 学生の住宅；外国人労働者の言語習得コースおよび職業訓練学校	一部 無料の住居；子どもの学校教育
現在係争中；国家によるかなりの変差を許容する。ドイツ，オランダは寛大な宗教，言語，文化の助成を提供する；フランスは文化的結社を促進する；英国は地方議会のレヴェルで行なう，例，ロンドン	制限 居留する第三国国民の権利のなかで分有される；たとえば学生の場合	一部 自らの言語による法的助言と弁護（ECHR によって保障された人権）；故国の言語による子どもの学校教育が受けられる場合もある

表4－2　現代ヨーロッパにおける

社会的権利	C（市民）	EUR（居留民）	EUT（一時的）
団体交渉および労働組合	有	有	無または制限 たとえば学生
老齢年金	有	部分的（出身国のプランと労働契約）	無
失業給付	有	部分的	無
健康保険	有	有	一部 たとえば学生
住宅／育児／教育助成	有	有	一部 学生は一部恩恵を受けることができる
文化的権利（自らの言語での学校教育，文化と芸術への助成）	有 国内の少数派の文化の保護体制（存在する場合）	一部 国民以外の居留民の規模と歴史による（自らの言語による教育は利用可能な場合とそうでない場合がある；文化と芸術への助成はありうる）	制限 EU居留民の権利をもつことが条件

略語：表4－1の略語を参照。

たヨーロッパの市民資格のまったく不明瞭な地位を考えれば、ＥＵ規模の第三国の国民の居留権および市民権は、原理的に構想されえないわけではないが、まだ入手することはできないのである。

第三国の国民のＥＵ諸国における市民的および社会的権利レジームへの統合はかなり前進したが、個人的な理由から、ビジネスや職業上の理由から訪問する、学生や旅行者といった一時的な滞在者の地位は国際的な規範に従っている。一時的な第三国の居留民の政治的および市民的結社の権利をめぐっては、いくつかの論争がある。たとえば、外国人学生は組合に参加することができるのか。彼らはいかなる種類の政治組織を設立することができるのか。ほとんどのＥＵ諸国は市民的、宗教的、文化的な結社の発展を積極的に奨励し、それをより成功した統合へと向かう段階とみなしているけれども（Kastoryano 2002）、政党、ロビー集団、学生団体の設立といった政治的な結社の権利は厳しく制限されている（そして二〇〇一年の九月一一日以後は、ますますそうなっている）。

また、表４－１と表４－２が明らかにしているのは、難民や庇護申請者が完全な意味での「権利をもつ権利」を依然として否定されている度合いである。彼らの生命、自由、そして彼らがもっているかもしれない財産は「人権および基本的自由に関する欧州条約」の第六条によって保護されているが、彼らの移動、雇用、そして結社の権利はかなり切り詰められている。彼らは一時的な滞在を認めてもらっている主権国家の意志に左右される。彼らの滞在の一時的な性質は、雇用定員の制限によっていっそう強められている。難民や庇護申請者は、しばしば地方と都会の中心部にある隔離された居住ブロックに閉じ込められ、たいてい周囲のコミュニティとは遮断され、そして雇用を求める権利を否定されおり、外国人嫌悪の暴発や感情の標的となりやすい。国民国家は彼らを「例外」の状況にとどめる（Schmitt

［1927］1996, 47–49）。彼らは自らの地位に関する決定を訴えることができず、退去命令に対していかなる主張を提起することもできない。難民や庇護申請者は、彼らをとりまく社会との相互作用が厳しく監視されなければならない、何ほどか犯罪的な要素であるかのように扱われている。彼らはあらゆる権利レジームの限界に存在しており、法の支配がその反対物に、すなわち例外状況と恒常的な暴力に逆流する、そうした権利体系の盲点を明らかにしているのである。

アイデンティティと制度——新しいヨーロッパの希望と幻想

ヨーロッパの国々がともに「ヨーロッパの諸国民のより緊密な結合」（ローマ条約、一九五七年）を創出しようと前進するにつれて、未来への夢だけでなく、過去のトラウマもまた先例のない自己分析を生み出すようになった。注目すべき言説的および地政学的な配置が旧大陸で現われている。たとえば、現在の状況をローマ帝国への回帰と新しいパックス・ロマーナの出現とみなす人々がいる。今日のEU市民はしだいにひとまとまりの行政法に従わされるようになり、ヨーロッパ全土の市民的および経済的な生活の便益と奢侈を享受することができ、それゆえ古代のローマ人たちを思い起こさせるが、それは共和制的な美徳の時代のローマではない。むしろ、今日の想像力と共鳴しているのは、退廃的で平和的な生活様式と、共和制のころの精彩を失った政治的および軍事的な技能をもったローマ帝国である。こうした記憶を引き合いに出す人々は、増長する欧州官僚《ユーロクラシー》の命令のもとで、共和制的な主権性と自己統治の制度が失われつつあるのをしばしば嘆いている（Guéhenno 1995）。

その一方で、ヨーロッパが「新しい中世主義」の復活を経験していると論じる人々もいる（Friedrichs 2001）。ヨーロッパ統合のプロセスは国民国家の制度を解体し、下位国家的な機関や行為者に新しい自律性を獲得する力を付与している。EUは地域主義を奨励し、実際、地域的なヨーロッパの協力のための動機づけを助成し、提供している。バルセロナ、マルセイユ、そしてミラノやボローニャといった北イタリアの町どうしの経済的および政治的な協力は、自国の他の都市や地域との協力よりも拡張的で集中的である。また、ヨーロッパ統治の基礎のひとつである「補完性」の原則は、問題や係争はそれによってもっとも直接的に影響を受ける人々のレヴェルで解決されなければならない、と明言している（「憲法条約」第一部九条）。多くの場合、補完原則は集権化された国家当局の権力を迂回もしくは回避することを奨励している。「新しい中世主義者たち」は、補完性の原則とともに、地域主義が中世ヨーロッパの分権化された、相互関連的で、入れ子状に重なった統一体に類似した主権性の構造を生み出していると論じている。近代の国民国家とは異なり、そこでは領土性、権威、主権性が重なり合うことはもはやない。むしろ、そこでは超国家的で治外法権的な統一体へと統合された、機能的な権威のシステムが発達しているのである。

最後に、これら前記の二つのシナリオを空想の産物とみなし、ヨーロッパは諸国家からなるヨーロッパであり、EUはローマ帝国や中世の過去というよりも、むしろコスモポリタン的な理想によって統治された、ヨーロッパ連邦という一八世紀の夢に類似していると主張する人々もいる。国民国家が最高の決定権力をもった独立した単位として存続する連邦主義および連合主義という言語は、EUの政治エリートや官僚たちの指導的な構想でありつづけている。欧州憲法条約の起草と採択は「欧州連邦主義者」に新しい希望と活力を与えている。憲法条約のモットーである「多様性のなかの統一」は巧妙にも、この多様性の源泉が加盟国であるのか、それともヨーロッパの諸国民であるのかを曖昧にしたままである。明らかに、この二つは同じものではない。なぜなら、ヨーロッパにはEUの公式機関において代表されない、とくにバスク人、クルド人、ジプシーといった国家なき民族も存在しているからである。

一九九三年のコペンハーゲン協定以後、正規の加盟資格の認定条件はかなり大まかに定義されており、そこには、(1)機能的な民主的制度、人権、法の支配、マイノリティの尊重と保護への国家的公約の表明、(2)競争的な市場経済および競争的圧力に対処する能力、(3)政治的、経済的、通貨的な統合への支持を含め、その国が加盟国としての義務を担いうることの証明、といったものが含まれている。EUはこうした大まかな制度的基準に焦点をあてることで、それ以上に論争となりやすい文化的、言語的、宗教的、そして民族的なアイデンティティに関する争点を避けたいと望んでいる。おそらくEUは、〈西洋〉を起源とするけれども、原理的にはその他の土地や文化においても機能しうる、そうした一連の制度を維持する能力の証明に依拠しているのであろう。ヨーロッパのアイデンティティは、厚い文化的あるいは歴史的な皮膜でおおわれたものではない。そこでは、信条、言語、あるいは習慣の共通性への、いかなる排他的な主張もなされてはいないのである。

EUを「厚い」文化的アイデンティティというよりも、むしろ「薄い」自由民主主義的な制度基準のもとで建設しようとする、これらの高貴な願いにもかかわらず、加盟国内部とそれらの国境の両方において、制度的原理とアイデンティティとの深い対立が繰り広げられている。二〇〇三年一二月のトルコの加盟申請をめぐる会談の拒否と、その二〇〇四年までの延長は、コペンハーゲン基準とEU自身の文化的アイデンティティをめぐる論争的な討議のきっかけとなった。はたしてEUは、六五〇〇万人の住民をもち、その大多数がムスリムである国家を自らのうちに許容することができるのか。欧州理事会はこうした争点をめぐって合意に達することができず、それゆえ議論を先延ばしにした（Benhabib 2003参照）。

ヨーロッパの歴史でしばしばみられる外国人嫌悪の政治は安易な政治ではあるが、現代ヨーロッパへの移住の潮流の背後にある社会的要因や制度的傾向は、これまで以上に複雑で手に負えないものとなっている。ヨーロッパは、国民国家の大陸から、その正確な体制的および政治的な形式がいまだ定かではない、国境横断的な政治的統一体へと変容しつつある。外国人労働者であれ難民であれ、庇護申請者であれ移民であれ、ヨーロッパの「他者」は、そうしたヨーロッパ自身の「他者化」によってもたらされた、不安と疑心暗鬼のわかりやすい照準となっているのだ。それにもかかわらず、前述の制度的展開が示しているように、そこには人権を市民の権利から、あるいは、基本的権利を政治的権利から分離する分水嶺を狭くすることに向けた原動力が存在している。第三国の国民のEU権利レジームへの統合はかなり進んでおり、欧州裁判所や欧州人権裁判所の増大する役割を考えるならば、これらの傾向はまったくあと戻りできないものになっている。最初の入国が完全な統合へと向かう軌道の出発点であるかぎり、EUの将来の政策は居留外国人の権利を取り去るというよりも、むしろ国境への接近をより厳しく制限するものになるであろう。

権利とアイデンティティの弁証法

本章は、ポスト形而上学的な世界における権利の正当化の哲学的探求から始まった。ここでは、もし正当化の実践が何らかの意味をもたなければならないとすれば、そうした正当化の実践に関与する諸個人のコミュニケーション的自由があらかじめ想定されなければならない、ということを論じてきた。そして、諸権利がコミュニケーション的自由の行使を、すなわち、理由をもって規範的な制約に同意もしくは反対する能力の行使を可能にする前提条件とみなされうる、ということを主張してきた。さらに、ここでは諸権利の原則と諸権利の一覧表を区別し、とりわけ後者は無数の要因に左右されるものであって、それゆえ国や立法府によって異なる民主的な変差を示しうる、ということを主張してきた。

現代ヨーロッパにおける共通の権利レジームを検証することで、国家間の最大の変差が社会的、経済的、文化的な権利の領域において現われていることが、はっきりと理解されるようになった。政治的権利はEU全体で再構成されているが、人権および市民的権利は、国連の世界人権宣言や「人権および基本的自由の保護に関する欧州条約」といった、一般的な権利文書にもとづいている。人権は基本的で交渉されえない地位を獲得してきた。それらは国家間で最小の変差に抑えられることを目的としている。それらは個人としての人間に、彼または彼女の人間的尊厳ゆえに、もたらされるものなのである。

それにもかかわらず、そして第二次世界大戦後、無国籍の民族、難民、庇護申請者の状況を改善する大きな一歩が踏み出されはしたけれども、自らの市民資格の地位を失うことは人権をいっさい失うことに等しいというハンナ・アレントの意見は、まったく間違っていたわけではなかった。今日の世界のもっとも発達した権利レジームのひとつにおいてさえ、難民や庇護申請者は自分たちが何ほどか犯罪的な地位にあることに気づいている。彼らの人権は切り詰められている。彼らは結社や代表といった市民的および政治的な権利をもっていない。これらの個人にも完全な人権を拡大すること、そして彼らの地位を犯罪とみなさないことは、今日の世界におけるコスモポリタン的正義のもっとも重要な課題のひとつとなっている。

また、これらの展開は権利とアイデンティティの弁証法も暗示している。一般に、権利の主体である個人は、問題となっている権利の付与に先立って、何らかの種類の固定されたアイデンティティをもっている。しかし、よく見落とされているのは、権利それ自体の行使と政治的行為体の実践が、これらのアイデンティティを変えうるということである。政治的アイデンティティは、民主的反復と権利の形成のプロセスに内在するものであって、それらに外在するものではない。同じように、権利要求の意味が変えられるのは、それが当初の権利の公式化において予見もしくは規範的に想定されなかった、法的および政治的な行為体の主体によって行使されるときである。ここでは、そのような弁証法的な対立の事例において、フランク・マイケルマンが「法生成的政治」(Michelman 1988) と呼ぶもの、すなわち、それ自体が新しい様式の政治的行為や相互行為へと道を開く、そうした権利と法制度をめぐる係争の領域が開かれていることを指摘しておきたい。市民衰退論者たちは、移住を一国の政治的および法的な文化にとって有害なものとみなしたが、多数派とは異なる文化的アイデンティティをもった個人の存在は、国家に「法生成的政治」の次元を導き入れるものである。そして、そのプロセスにおいて、他者はわれわれの制度や文化的アイデンティティを再領有し、再解釈しながら、われわれの解釈学的パートナーとなるのである。そこで次章では、分解された市民資格と法生成的政治の可能性を検証することにしよう。

5　民主的反復――ローカルなもの、国家的なもの、グローバルなもの

市民資格の分解とその一元的なモデルの終焉は、失望をもって見つめられるべきであろうか。市民にならなくても、いくつかの待ち望んだ社会的権利が手に入れられるのだとすれば、これらの展開は市民資格の「価値下落」を、すなわち「衰弱した市民意識」(Thaa 2001) へと向かう潮流を表わしているのだろうか。それとも、これらの展開は新しいグローバルな正義の意識と、おそらくはコスモポリタン的な市民資格を告げるであろう、新しい政治的行為体の様式の前触れを表わしているのだろうか。

本章は、分解された市民資格の両義性を検証することから始められる。ここでは、第1章で説明した民主的正統性の逆説に戻りながら、民主的な支配がさまざまな構成的幻想、たとえば国民の同質性や領土の自己完結性といったものにもとづいてきたことが論じられる。今日とりくむべき課題は、これらの幻想に頼らずに民主的な声を表明しなおすことである。そこで、こうした民主的な声の再表明が必要としているものを具体的に説明するために、「他者の権利」を解釈することから生じる問題がそれにかかわる政体の側の自己再帰的な変容を引き起こしている、三つの「法生成的政治」の事例を議論すること

にしたい。

分解された市民資格の両義的な可能性

ヨーロッパ連合（ＥＵ）は、その超国家的なレヴェルにおいて、近代国民国家の誕生につきまとったのと同じ内的緊張を再生産しているが、それらの緊張が異なる方向に進んでいることも示している。近代国民国家は吸収のプロセスだけでなく、論争、闘争、そして協力のプロセスもつうじて、その文化的に同質化する同一説的な市民理解を、それとは別のより民主的で多元主義的な市民理解と融合した。

Ｔ・Ｈ・マーシャルは近代国家の市民権に焦点をあて、契約による賃労働の売買に依拠している資本主義国家が、それにもかかわらず、いかにして労働者階級に「地位」を、すなわち市民資格の地位を付与し、彼らの忠誠を勝ちとったのかを分析した。マーシャルはこれらの展開に、ヘンリー・メーン卿のよく知られた類型である「地位から契約へ」の反転をみていた。というのも、市民資格はその価値が賃労働の契約によって左右されない地位とみなされなければならなかったからである。市民資格は労働者階級に「文明化された生活」に必要とされる物質的条件の充足を認めることで、資本主義的な不平等という尊厳のなさを改善し、是正することになった。この「文明化された生活」というのは、マーシャルの論文において非常に重要なカテゴリーである。(1) しかし、これらの補償的な市民資格の地位の実現は、市民資格を認められておらず、賃労働の尊厳のなさだけでなく、国家からも排除されるという尊厳のなさを負わされている人々の存在に決定的に依拠したものであった。マーシャルは、カントが軽率にも認めたように、彼らが「たんなる国家の受動的部分」(Kant［1797］1922, 121;［1797］1996, 140) だと認めることはできなかった。今日の視点からマーシャルのナイーヴさを、すなわち、彼が共和国と帝国の、内部者と外部者の関係を無視し、その安い労働力でイギリス福祉国家の栄光を部分的に支えていた外国人の存在について、何も語っていなかったことを読みとるのは辛辣なことである。

ここでマーシャルの「市民資格《シティズンシップ》と社会的階級」に関する有名な論文の洞察と錯覚を思い起こしたのは、現代の政治思想では、集合的アイデンティティの形成や文化的連帯の進化を、長きにわたって繰り広げられた苦い社会的および政治的な対立をつうじて獲得されたものとしてではなく、まるでそれらが安定した既成の事実であるかのようにみなす傾向が広くみられるからである。マイケル・ウォルツァーにとって、さらにジョン・ロールズにとって、外国人や他者がすでに獲得された連帯の共同体に脅威をもたらし、それを弱め、あるいは荒らすかもしれないと想定することをもっともらしくしているのは、こうした集合的アイデンティティの形成をめぐる静態的な見方である。自由民主主義体制の集合的アイデンティティは、これらの理論家たちがそれらに属するとみなした、凝集性や文化の求心性の度合いによって特徴づけられたものではなかった。よそ者をつまみ出し、あるいはニューカマーから扉を閉ざしたいと思うことは、内なるよそ者を締めつけ、自らのなわばりの壁のなかでの改革、刷新、反対、変革を妨げる必要をともなうものであった。移住をめぐる政治は、同調主義と国内での対立を締めつける政治に、密接に結びついているのである。

市民資格の分解へと向かう潮流 (Ong 1999 参照) は、現代のグローバル化の避けられない局面である。しかし、分解された市民資格は、民主的な市民資格でもあるのだろうか。脱国家的な市民資格の提唱者たちは、政治的アイデンティティと国家的成員資格との分離を歓迎している。たとえば、ジェイムズ・ローゼナウ（Rosenau 1997）とヤスミン・ソイサル（Soysal 1994）は、新しい人権レジームの台頭と拡大を、そのあらゆる落とし穴や偽善にもかかわらず、新しい政治意識と新しい形式の政治的成員資格を告げるものとみなしている。国民国家は衰退している。人権と市民の権利との境界線は浸食されつつある。新しい様式の脱領土化された市民資格が現われつつある。とくにEUのなかでは、ソイサルが論じているように、国家的なアイデンティティと忠誠は急激にかき乱されており、現代のドイツ人自身でさえ、自らのアイデンティティが何から成り立っているのかについてほとんどわかっていないときに、トルコ人から「良きドイツ人」をつくりたいと願うことは偽善的であろう（ibid.）。世界のあらゆる大都市にみられる多文化的な飛び地は、もはや特定の土地、歴史、伝統への排他的な愛着にはもとづかない、新しい顔をした市民資格の到来を告げているのである。

　たしかに、脱領土化された市民資格の提唱者たちは、政治的アイデンティティがもっぱら国家中心的な観点だけから考えられる必要はない、とみなしている点で正しい。市民的共同体の境界線と国家の領土の境界線は、完全に重なり合ってはいないのである。それにもかかわらず、国民国家よりも小さい、あるいは大きいかもしれない場所への民主的な献身は重要である。そして、民主的な統治は境界線を引き、成員資格の規則をつくることを必然的にともなっている。自己統治の共同体の境界線は国民国家のそれらとは重ならないかもしれないが、こうした判断にもとづくかぎり、境界線を表明することをめぐる規範的な難題が容易に消えることはないであろう。

分解された市民資格は、国際的および国境横断的な文脈のもとで、国民国家の境界線を越えた複合的な忠誠とネットワークを発達させ、持続させることを個人に容認するものである。コスモポリタニズム、すなわち、まるでひとつの都市国家《ポリス》であるかのような世界への関心は、言語、エスニシティ、宗教、そして国民の共同体を越えて持続される、そうした複合的で重なり合った忠誠によって高められている。このようなネットワークは、それが代表的な制度への積極的なかかわりと愛着をともなうとき、そして、そうした場合にのみ民主的な市民資格へとつながる。というのも、その代表的な制度はそれを自らの名のもとで権威づけている所与の有権者に向けて、説明責任、透明性、応答責任を示すものだからである。民主的に連結されない国境横断的なネットワークは、原理主義だけでなくテロリズムも助長するかもしれない。不愉快なことかもしれないが、国際テロリズムもまた、現存する国民国家を操作し、それを解体している、国境横断的な現象であることを忘れてはならないのである。

より深いレヴェルでは、民主的正統性と分解された市民資格の現実とのあいだには緊張がある。「われわれ国民」という自己構成が、あたかも同質的な市民の一方的な行為であるかのように理解されているかぎり、この理想化された民主的正統性のモデルは、歴史的な事実を歪めるだけでなく、民主的立憲主義の規範的な可能性を公平に判断することもできないであろう。民主的な憲法によって呼び出される人権の諸原則は、文脈を超越したコスモポリタン的な性格をもっている。それらはあらゆる人類に拡大されるものである。他方、これらの憲法の領土的な限定は、戦争と征服、交渉と取引をともなっている。民主的な国民はこうした歴史的に偶発的なプロセスをつうじて、自らを領土に対して主権的なものとして構成しているが、そのようなプロセスはあらゆる自己構成の行為に内在する暴力を証明するものなのである。

もしコスモポリタン的な権利要求の内容と民主的な発言権の原理に焦点があてられるとすれば、そこでは再帰的な憲法制定の行為の構想が立てられなければならない。それは、政治的統一体はそれ以外の政治的行為者であふれた環境において機能しており、その自己構成の行為もしばしば理解されているほど一方的なふるまいではない、という事実を認めたものである。移民、難民、庇護を管理する政策は、ほかの政治的統一体によって影響される。マックス・ペンスキーが指摘しているように、「すべての近代憲法は諸権利の一覧表に従って成員資格を提示しているが、これらの権利は成員のたんに局所的もしくは局地的な属性というよりも、むしろ彼らの普遍的な属性の観点から正当化される……。それゆえ、近代憲法はおそらくそれ自体では実現することのできない規範的な要求を行なう傾向にある。これは憲法の範囲をめぐる問題を説明するひとつの方法である。民主的憲法の規範的な力は一貫してあらゆる個人への内包の拡大を要求するが、それと同時に政体の構成を実際になしとげるためには、そうした内包を一連の恣意的に指名された個人だけで構成された成員へと縮小しなければならないのである」(Pensky 2002. 強調は原著による)。分解された市民資格の進化は、民主的な憲法の内的緊張をはっきりと見えるようにする長所をもっている。カントは歴史的に偶発的な政治的境界を超越したコスモポリタン的権利の可能性に気づいており、それゆえ共和制的な体制であれば、すなわち単純な多数派支配にはもとづかない体制であれば、世界共和国の連邦へと向かうであろうと論じていた(第1章参照)。

民主的反復と法生成的政治

　ここでコスモポリタン的連邦主義として説明されている立場は、国際法の規範と個別の民主的な立法行為のあいだでは複合的な「反復」が可能であり、そして望ましいということを表わしている。この両者はたがいに排除し合うものではない。今日、コスモポリタン的な規範は、個別の政体の政治的および法的な文化のなかに埋め込まれつつある。諸権利が文化的アイデンティティではなく居留資格によって諸個人へと拡張される市民資格の変容は、そうしたコスモポリタン的な規範をもっとも明白に示している。それにもかかわらず、成員資格の地位がまだ決定されていない人々、たとえば密入国の移民、難民、申請中の亡命者が、現存する政体によって、まるで犯罪者であるかのように扱われているかぎり、国際的な領域におけるコスモポリタニズムは達成されないだろう。普遍的な歓待への権利は、いまだ国益という祭壇のもとで犠牲にされているのである。世界規模の諸国民の移動を犯罪とみなすことなく、彼または彼女の政治的市民資格の地位がどのようなものであれ、各人を道徳的人格性の尊厳に従って扱わなければならない。これは国境を越え、異なる政体への入国を求めることが、犯罪的な行為ではなく人間的な自由の表明であり、ほかの仲間の人間と共有しなければならない世界での、人間的な幸福の追求であると認めることを示唆している。最初の入国許可は、自動的な成員資格を意味するものではない。民主的な国民は、これからも国家的、下位国家的、地域的、そして自治体的なレヴェルで、成員資格の規則を編み出さなければならないであろう。立法および討議的な意志と意見の形成をつうじて、普遍的な歓待をめぐるコスモポリタン的な規範と一致する政策および法を採択しなければならないのは、国民自身である。民主的な国民のアイデンティティを定義することは、立憲的な自己創出の継続的なプロセスである。排除される人々が排除と内包の規則を決定する人々のなかにいないという逆説を除去することはできないが、継続的で複合的な民主的反復のプロセスをつうじて、これらの区別を流動化し、交渉可能なものにすることはできるのである。

内なるよそ者、外国人、その他の人々の処遇は、自由民主主義体制の道徳的良心と政治的再帰性の重要なテストケースとなる。主権的な国民のアイデンティティを定義することは、それ自体流動的で、開放的で、係争的な公論のプロセスでもある。われわれとあなたがた、われわれと彼らを分かつ境界線は、たいてい、検証されない偏見、大昔の戦闘、歴史的な不正義、そして、まったくの行政的な専断によって左右される。その点で、カール・シュミットは正しい（Schmitt［1923］1985）。それにもかかわらず、近代の自由民主主義体制は、主権的なものとしてのデモス〔市民〕を構成すると同時に、このデモスの主権の正統性が基本的人権の原則への支持から生まれているとも宣言する、自己制約的な集合体である。「われわれ国民」とは内在的に緊張をはらんだ公式であり、それ自体の表明のなかに、普遍的人権の尊重と国家的に限定された主権性要求との構成的なディレンマを内包している。難民であれ外国人労働者であれ、庇護申請者であれ冒険家であれ、外国人やよそ者の権利は、「われわれ国民」というアイデンティティが定義されては再交渉され、境界づけられては解きほぐされ、画定されては流動化される場所で、その限界を、その境界線を明らかにする。われわれは、何ほどか凝集的な統一体とみなされた国民がひとつの領土に居留し、したがって、ひとつの行政に服従するという一元的な市民資格のモデルが終わりつつある、そうした政治的進化の途上にある。このモデルの終焉は、それが今日の政治的想像力をもはや支配していないとか、その規範的な力が今日の制度を導くには無効になったということを意味しているのではない。それは新しい政治的市民資格の様式を予感させる、政治的な行為体と主体性の形式をただちに想像しなければならないということを意味しているのである。そこで、これらの新しい政治的潮流を「民主的反復」という概念をつうじて説明することにしたい。

　民主的反復とは、普遍主義的な権利の要求と原則が、法的および政治的な制度全体をつうじて、そして市民社会の諸団体において、論争されては文脈化され、呼び出されては取り消され、提起されては配置される、そうした公的な議論、熟議、応酬の複雑なプロセスを表わしたものである。それは立法府、司法府、行政府といった「強い」公共機関だけでなく、市民社会の諸団体やメディアといった非公式の「弱い」公共圏においても起こりうる。

　反復とは、ジャック・デリダの著作（Derrida［1982］1991, 90ff.）をつうじて言語哲学に導入された用語である。ある用語もしくは概念を繰り返すプロセスにおいて、われわれは単純にその当初の原型的な用法と、そこで意図された意味の模造品を生産しているわけではない。むしろ、すべての繰り返しは変異の形式をとる。あらゆる反復はいつも非常に微妙なかたちで、意味を変え、それに何かを加え、それを豊かにする。実際のところ、意味の「原初的な」起源というものは、あるいは、すべての後続の形式が従わなければならない「原型」なるものは実在しないのだ。原初の意味付与的な行為というものがいかなる意味もなさないのは、言語の場合には明らかなことである。なぜなら、ヴィトゲンシュタインの有名な示唆にもあるように、意味付与の行為がそうした行為として認識されるためには、われわれはすでに言語それ自体をもっていなければならないからである（Wittgenstein 1953）。これは明らかに循環的な観念である。

それにもかかわらず、たとえ「原初的な意味」という概念が、言語それ自体に適用されたとき意味をなさなかったとしても、それは法や制度的規範といった文書との関連では、それほどひどく位置づけられるわけではないかもしれない。たとえば、あらゆる反復の行為は、権威的とみなされる先例に言及するであろう。しかしながら、諸規範の、そして価値の世界のあらゆる側面の反復と解釈は、たんに繰り返しの行為ではない。あらゆる反復の行為は、権威的な原型を新しい異なった文脈のなかで理解する。かくして、先例となるものは、その後の活用や参照をつうじて位置づけなおされ、意味づけなおされる。意味は深められ、変えられる。逆に、そうした権威的な原型の創造的な専有が意味をなすのを休止もしくは停止するとき、原初的なものもまた権威を失ってしまう。反復とは「起源」の再専有である。それは原初的なものの解体であると同時に、その継続的な活用をつうじた保存でもある。

民主的反復とは、こうした言語的、法的、文化的、そして政治的な変容のなかでの繰り返しであり、取り消すと同時に呼び出す行為である。それらは既成の理解を変えるだけでなく、権威的な前例となるものの妥当な見解、もしくは既成の見解として通っていたものを変形する。ロバート・カヴァー（Cover 1983）と、それからフランク・マイケルマン（Michelman 1988）[2]は、法解釈の領域でこれらの観察を実りあるものとしている。法生成的政治とは、自らを何らかの指導的な規範や原則によって拘束する民主的な国民が、それらを再専有および再解釈し、それによって自らが法の服従者であるだけでなく起草者でもあることを提示する、そうした反復的行為を表わしたものである。自然権の教義は民主政治を支える諸原理が意志の変更行為にさらされないことを前提とし、また法実証主義は民主的正統性を主権的な立法府の正しく制定された規範と同一視しているが、法生成的政治は超越的な規範と民主的多数派の意志のあいだの解釈と介入の空間を指し示している。一方において、民主政治を組み立てている権利要求は、民主的多数派の特定の状況における特定の法制定を超越したものとみなされなければならない。他方において、こうした民主的多数派はこれらの原理を反復しなおし、議論、論争、修正、却下をつうじて、それらを民主的な意志形成のプロセスへと組み込むのである。

以下では、民主的反復が起こり、そして集合的な再意味化が生じた、三つの複雑な法的、政治的、文化的な現象に焦点をあてることにする。そこで、一九九〇年代全体をつうじてフランスの世論と政治の関心を占めてきた、いわゆるスカーフ事件から始めることにしよう。ムスリムの少女たちの学校におけるスカーフ着用の禁止は、フランスのすべての市民および居留民が同様に付与されている良心の自由への権利を、非宗教性《ライシテ》の原理として知られている、特殊フランス的な国家と教会の分離をめぐる理解と戦わせるものであった。この事件は多文化的で多宗教的になっている社会において、フランスの市民であることの意味をめぐって今日も継続している論争へと発展した。フランスのようなEU加盟国における市民および居留民への同様の民主的な諸権利の一覧表の拡大は、だれがまさしく権利の主体であるのかという論争を結果的にもたらしている。厳格なムスリムの女性は良きフランス市民であると同時に、自らにも忠実でありうるのだろうか。そして「良き」フランス人であることとは、実際のところ、何を意味しているのだろうか。その場合、だれがそうであることの条件を規定しているのだろうか。

フランスとまったく同じように、現代のドイツもまた、今日では居留外国人の人口が全体の一〇パーセントに近づいている、多文化的で多宗教的な社会である。これらの外国人のなかでも、イスラームを信仰する人々、たとえばトルコ人、クルド人、パキスタン人、アフガン人といった人々が、その多数派を構成している。近年、ドイツの最高裁判所は、フランスのスカーフ事件と非常によく似た事件に直面して、ムスリムの学校教師がスカーフをかぶって教える良心の自由を原則的に認めることで、中間的な処置をとろうと試みたが、この事件の最終的な判断は民主的な主権者の意志に委ねられてしまった。

フランスとちがって、ドイツは最近まで、領土的な生得権をつうじた移民の子どもたちの帰化を認めてこなかった。市民資格をめぐるドイツの理解は、フランスほど拡張的でも共和制的でもなく、民族的な帰属により大きな焦点をあてたものであった。しかし、こうしたドイツの古めかしい市民資格の理解は、地域的かつグローバルな経済大国としてのドイツの現実と両立しうるものではなかった。制限的なドイツの市民資格の理解への最初の挑戦は、非市民であっても長期の居留外国人には自治体および行政区の選挙で投票することを認めるという、ハンブルク都市州とシュレスヴィヒ゠ホルシュタイン州からの請求として現われた。ドイツ憲法裁判所は、民主制における国民と国民的帰属の役割に関して波紋を呼んだ判決理由をつうじて、それらの請求を棄却した。その後、ドイツも加わったマーストリヒト条約(一九九三年)は、ほかの加盟国の居留民であるEU加盟国のすべての国民に地方選挙で投票し、立候補する権利を付与することで、この決定を無効にした。だが、それに先立って行なわれたこの判決は、民主的な主権性を文化的かつ民族的に同質的な国民から生じるものとみなす、哲学的にはもっとも興味深い解釈のひとつでありつづけている。

スカーフ事件

市民資格の変容がもたらしたひとつの帰結は、同じ公共空間のなかに、異なる、しばしばまったく矛盾する文化、習俗、規範をもった個人や集団が、長期・短期にわたって共存しているということである(3)。もしグローバル化が、よりいっそう急速化する人間と商品の、情報とファッションの、病原菌とニュースの国境を越えた移動をもたらしているのであれば、そうした潮流のひとつの帰結はそれらの多方向性であろう。グローバル化は多国籍企業の、たいていはアメリカ人、イギリス人、日本人が経営する企業の世界的な拡大だけを意味しているのではない。ベンジャミン・バーバーの「ジハード対マックワールド」という表現は、たしかに真理の一面をとらえてはいる (Barber 1995)。その一方で、中東、アフリカ、東南アジア出身の、世界のもっとも貧しい地域の諸国民が、ロンドンやパリ、トロントやローマ、マドリードやアムステルダムといった世界都市へと集まっていく「逆のグローバル化」もまた存在している。これらの集団は、その多くがもともと外国人労働者や移民として西洋諸国へとやってきた人々だったが、ここ数十年で、世界のほかの地域からの難民や庇護申請者の入国によって、さらに増えるようになっている。最近の数十年で人々の関心をとらえた多文化的な衝突のもっとも目立った事例、たとえばイギリスのサルマン・ラシュディ事件、フランスの学校でのスカーフをめぐる事件、女子割礼の習慣をめぐるスキャンダルなどは、これらの新しい民族文化集団にかかわるものであった。なぜなら、これらの集団は自分たちの宗教的かつ文化的な信条を、世俗的ではあるが、たいていプロテスタント的、カトリック的、あるいは英国国教会的な自由民主主義国家の法的および文化的な環境に持ち込もうとしているからである。

二〇〇四年二月一〇日、フランス国民議会は圧倒的な多数決（賛成四九四、反対三六、棄権三一）で、公立学校でのあらゆる宗教的なシンボルの着用を禁止することを可決した。この新しい法律は人目《ひと》に触れるあらゆる宗教的なシンボル、たとえば、ムスリムの少女たちが着用するヘッドスカーフだけでなく、キリスト教徒の十字架や正統派のユダヤ教信者のヤムルカにも適用されるが、その主要な標的はムスリムの服装であった。この立法の厳しさはEU内のフランスの同盟国であるイギリスやオランダの政府からも批判を受けたが、それを理解するためにはスカーフ事件の歴史を再構築することが重要であろう。

スカーフ事件[4]とは、一九八九年のフランスで、三人のスカーフを着用したムスリムの少女たちがクルイユ（オワーズ）の学校を追放されたことから始まり、一九九六年一一月、国務院の決定にもとづいて、二三人のムスリムの少女たちが学校から大量排除されるまでつづけられた、長期にわたる公的論争をさす[5]。「国民的ドラマ」（Gaspard and Khosrokhavar 1995, 11）あるいは「国民的トラウマ」（Brun-Rovet 2000, 2）とさえ表現されるこの事件は、フランスの革命二〇〇年を祝う式典の余波のなかで起こり、フランスの教育システムとその哲学的な原則である非宗教性《ライシテ》の基礎を問うものであるように思われた。この概念は、「国家と教会の分離」あるいは世俗化といった用語でも翻訳するのが難しいものである。もっともよいところでは、それは公式の公的領域から宗派的なシンボル、記号、偶像、衣類といったものを慎重に遠ざけることで制度化された、あらゆる宗教的な実践に対する国家の公的および明白な中立性と理解されうるであろう。だが、フランス共和国のなかでは、一方で個人の良心および宗教の自由への権利を尊重することと、他方であらゆる宗教的なシンボリズムを排除した公的領域を維持することとのバランスは非常にもろく、このもろさを明らかにするには、一握りの一〇代の若者たちの行動だけで十分であった。その後の論争はもともとの議論をはるかに越え、左派と右派の両方にとってのフランス共和主義の自己理解、フランスの生活における社会的および性的な平等の意味、そして自由主義と共和主義と多文化主義の論争にも波及するものであった。

この事件が始まったのは、一九八九年一〇月、クルイユのコレージュ・ガブリエル・アヴェの校長エルネスト・シェニエール氏が、三人の少女、ファティマ、レイラ、サミラがスカーフをかぶって授業に出席するのを禁止したときであった。この三人は、校長と両親のあいだでスカーフを外して登校するという妥協が成立していたにもかかわらず、その日の朝、スカーフを着用して教室に現われた。この三人の少女は、アンテグリテと呼ばれる組織の長でフランスの全国ムスリム連盟の前会長だった、ダニエル・ユスフ・ルクレール氏の忠告に従って、もういちどスカーフをかぶろうと決心したらしい。新聞ではまったく書かれていないが、この少女たちがルクレール氏と接触していたという事実は、スカーフを着用することが、彼女たちにとっての政治的な意思表示、つまり同一化と抵抗の錯綜した行為であったことを表わしている。そうするにあたって、ファティマ、レイラ、サミラは、一方で、フランス市民としての宗教の自由を行使することを主張した。その一方で、彼女たちは、国家の生徒として、平等主義的で世俗主義的な共和制の市民であるという理想のもとで封印してきた自らの出自、すなわちムスリムであり、北アフリカの出身であるということをさらけだしたのである。翌年、この少女たちとその追随者や支持者たちは、フランス国家が私的シンボルとみなしたい個人的な衣類などを共有の公的領域のなかに持ち込み、公的なものと私的なものとの境界線に異議を申し立てた。皮肉にも、彼女たちは自らの私的アイデンティティの一部を公的領域へと投影するために、フランス社会とフランスの政治的伝統によって与えられた自由を行使した。それはフランスの土地に住むすべての子どもたちが、無料の公的な義務教育を受けられることだけではなかったのである。さて、そうすることで、彼女たちは学校と家庭の両方を問題化することになった。彼女たちは、学校をもはやフランスの文化に適応するための中立的な空間とはみなしておらず、そこで自らの文化的および宗教的な差異をあからさまに表明した。彼女たちはスカーフをかぶることで、イスラームによって求められている慎ましさを保ちながら、家庭のシンボルを活用して公的領域へと入っていった。だが、それと同時に、彼女たちは家庭を離れ、市民的な公共空間の公的な行為者となり、そこにおいて国家に反抗した。この少女たちの行為に、彼女たちに加えられた抑圧の兆候しかみない人々は、もっぱら宗教の自由にもとづいてのみ彼女たちの権利を擁護している人々と同じくらい、それらのふるまいの象徴的な意味を読みとっていないのである。

フランスの社会学者のガスパールとコスロカヴァルは、こうした一連の錯綜する象徴的な交渉を以下のようにとらえている。「［ヴェールは］両親や祖父母の目には連続性の幻想を映し出しているが、それは断絶の要素でもある。それは同一性（伝統）を口実にして他者性（近代）への移行を可能にするものである。それは出身社会との同一性の感情をもたらすが、その意味は受け入れ社会との関係の力学のなかに書き込まれている……それは伝統的な差異が混ぜ合わされたなかでの近代への移行の媒介物であり、伝統的な女性たちが行為の空間として禁じられていた公的領域に接近し、個人的な自律性を構成するための媒介物である」（Gaspard and Khosrokhavar 1995, 44–45. 翻訳は引用者による）。

　ヴェールをつけるという単純な行為の背後に隠された社会的および文化的な交渉の複雑性は、フランス国務院の同じように曖昧で錯綜した決定を導き出した。一九八九年一一月四日、当時のフランス教育相リオネル・ジョスパンは、この問題を国務院へと持ち込んだ。国務院は、憲法および法文書と国際的な条約へのフランスの支持を引用することで対応し、当初から二つの原則を正しく扱うことの必要性を訴えていた。すなわち、国家の非宗教性《ライシテ》と中立性が公的サーヴィスの提供においては堅持されなければならないということ、そして、生徒の良心の自由が尊重されなければならないということである。生徒の宗教的な信念や信条にもとづいた差別は、いっさい許されるものではない。当時、国務院はこう結論を下していた。「生徒がある宗教の信仰を表明する記号であると信じているものを学校で着用することは、それ自体、非宗教性《ライシテ》の原則と両立しえないことである。なぜなら、それは彼女たちの表現と意思表示の自由の行使を構成してはいるが、この自由は生徒が宗教的な帰属の記号を誇示すること［*d'arborer*］まで許容するものではないからである。そうした記号は、それらの性質によって、それらが個人的もしくは集合的に着用される条件によって、これ見よがしの戦闘的な［*revindicatif*］性格によって、生徒の尊厳もしくは自由を、あるいは教育コミュニティのほかの成員たちを脅かし、その成員たちの健康もしくは安全を危うくし、教師たちの指導活動や教育的役割を妨げる、圧力、挑発、布教、宣伝の行為を構成している。要するに、それは公的サーヴィスの制度もしくは正常な機能における適切な秩序を妨害しているのである」（一九八九年一一月二七日の国務院裁定、翻訳は引用者による）(6)。

　こうしたソロモン的な判断は、非宗教性《ライシテ》の原則と宗教および良心の自由を均衡させようと試みたものであった。しかし、国務院は何らかの明白な指針を表明するのではなく、宗教的なシンボルや服装を着用することの意味の適切な解釈を学校当局の判断へと委ねてしまった。宗教的なスカーフ（さらにいえばヤムルカ）が自分にとって何を意味しているのかについての生徒一人ひとりの信条ではなく、それらが挑発、衝突、抗議の記号とみなされうるかどうかについての学校当局の解釈が、生徒たちの宗教の自由を切り詰める決定的な要因となったのである。こうした決定が、どうして対立する両陣営をそれぞれの目標をさらに追求するよう仕向け、そして教育相フランソワ・バイルーによって出された、一九九四年九月一〇日の「バイルー・ガイドライン」の公布をつうじて、さらなる抑圧へといたったのかを理解するのは難しいことではない。この大臣は、国務院の判断の曖昧さがイスラーム主義的な運動と比べて弱い印象を与えていることを嘆きながら、生徒たちは宗教的なシンボルを着用する権利をもつが、そのなかにヴェールは含まれないと宣言したのである（『ル・モンド』一九九四年九月二一日、一〇）。

スカーフ事件は、グローバル化と多文化主義の時代におけるフランスの国民的アイデンティティのあらゆるディレンマを結果的に表わすようになった。一方で、フランスのEUへの統合を考慮し、その一方で、フランスの土地にいるムスリム諸国出身の第二、第三世代の移民たちの存在によってもたらされた多文化主義の圧力を考慮しながら、いかにして非宗教性《ライシテ》、共和制的な平等、そして民主的な市民資格をめぐるフランスの伝統を保持すべきか。フランスの市民資格の実践と制度は、共和制的な平等の理想のなかに多文化的な差異を内包するのに十分なくらい、柔軟で開かれたものなのか。明らかに、この事件は終わってはいない。そして、ヨーロッパの統合と多文化主義の圧力がつづくかぎり、フランスは宗教的表現の自由と世俗主義の原則を守る自由民主主義体制の二重の命令に対処するために、新しいモデルの法的、教育的、社会的、文化的な制度を発見しなければならないであろう。

ここには逆説的な状況があるように思われる。というのも、フランス国家はヘッドスカーフを着用した少女たち自身が望んでいると思われる以上の、公的領域における自律性と平等主義を命令するために介入しているからである。この少女たちの行為の意味は、正確なところ、何なのだろうか。これは宗教的な遵守と転覆の行為なのだろうか、それとも文化的な抵抗の行為なのだろうか、それとも関心を引き、目立とうとする思春期固有の行動なのだろうか。この少女たちは恐怖から、それとも信念から、それともナルシシズムから行動しているのだろうか。彼女たちの行動が、これらすべての要素と動機を含んでいると想像することは難しいことではない。少女たちの声は、この過熱した論争では聞かれない。フランスの公的領域における純粋に公的な討議や、多文化社会における民主主義と差異をめぐる問いについての自己分析はあったけれども、社会学者のガスパールとコスロカヴァルが指摘しているように、彼女らがインタヴュー（Gaspard and Khosrokhavar 1995）を行なうまでは、少女たち自身の見解が聞かれることはまったくなかったのである。たとえ当事者である少女たちが法の目からみて大人ではなく、まだ家族の保護のもとにあったとしても、一五、六の年齢であれば自分自身や自分の行動を説明することはできるとみなされるのが当然である。彼女たちの声がきちんと聴取されたならば、スカーフを着用することとそれ自体の意味が、宗教的な行為であることから文化的な反抗へと、そして、しだいに政治化の行為へと変化したことは明らかになったであろう（例外的なものとして、Giraud and Sintomer 2004 を参照）。皮肉なことに、これらの少女たちを家父長制的な構造の家庭から連れ出し、彼女たちをフランスの公的領域へと導き入れ、彼女たちにスカーフの着用を再意味化する自信と能力を与えたのは、フランスの公教育システムの非常に平等主義的な規範であった。少女たちの行動を罰し、犯罪とみなすのではなく、彼女たちに、少なくとも学校コミュニティには自分たちの行為やふるまいを説明してもらい、非宗教的なフランス共和国においてムスリムの市民であることは何を意味するのかについて、若者のあいだで議論するよう奨励することのほうが妥当だったのではないだろうか。不幸にも、いくつかの条件のもとで、スカーフの着用を禁止する規範によって自らの利益がもっとも致命的に影響される人々の声は、無視されてしまったのである。

ここで示唆されているのは、法規範は集合的な討議プロセスをつうじて、そして法制度の枠組みの外部で生まれるということではない。法の正統性は、この事例では問題ではない。むしろ、問題となっているのは、合法的ではあるが愚かしく不公正であるとも思われる、決定の民主的正統性である。もし学校当局だけが少女たちに彼女たちの行為の意味を教えるのではなく、彼女たち自身も自らの行為の解釈において、より多くの公的発言権をもっていたなら、それはより民主的であると同時に、より公正でもあったであろう。もしそうであったとすれば、国務院の決定は変わったであろうか。おそらく、それはなかっただろう。しかし、「これ見よがしに」、「示威的に」表明された宗教的なシンボルの禁止を認めた条項は、きっと再考されたにちがいない。社会学の文献では、世界のほかの多くの場所でも、ムスリムの女性たちが自分たちの伝統からの解放を隠すために、ヴェールやチャドルを使っていることを示した十分な証拠がある（Göle 1996 参照）。これらの行為の意味を世俗国家への純粋に宗教的な抵抗であると想定することは、自らの行為の意味を記述しうる、これらの女性たちの能力を抑え込むことである。そして皮肉にも、彼女たちは自らが逃れようとしている家父長制的な意味の壁のなかに、ふたたび閉じ込められるであろう。

ムスリムの少女たちの側でも、学習プロセスが生じたにちがいない。彼女たちをとりまくフランス社会は、一見したところ宗教的に義務づけられた衣服であると思われるものの着用を受け入れている人々を「遅れた抑圧された存在」として、スティグマ化もしくはステレオタイプ化しないことを学習したにちがいない。その一方で、これらの少女やその支持者たちは、ムスリム共同体やそれ以外のところで、自分たちの行動を「公的領域では十分な理由」をもって正当化することを学習したにちがいない。自分たちの宗教上の信条への尊重と平等な扱いを要求するにあたって、彼女たちは異なる宗教をもつ他者の信仰をどのように扱うつもりでいるのか、そして、イスラームの伝統のなかで宗教と国家の分離を実際どのように制度化するのかを明らかにしなければならないのである。

最近の宗教的なイスラーム集団と当局との事件や衝突の険悪さにもかかわらず、穏健なフランス人のイスラーム教徒が現われていることも、いくつか紹介されている。二〇〇三年四月一四日、『ニューヨーク・タイムズ』は、フランスの五〇〇万人のムスリムを代表する、公式のムスリム評議会が結成されたことを報道した。さまざまな争点のなかでも、この評議会はとくに職場でのムスリム女性の権利を扱うことになっている。たとえば、アルジェリア生まれの、三人の子どもの母であるカリマ・デブザは、こう語ったと伝えられている。「私はヘッドスカーフのせいで、ここでは仕事を見つけられません……。でも、スカーフは私の一部です。これを外すつもりはありません。私たちは国家にスカーフがどうしてこんなに大切なのかを」、さらにつけ加えて「なぜそれを恐れなくてもいいのかを教えなくてはなりません」（Sciolino 2003a）。

デブザが求めているのは、民主的反復と文化的再意味化のプロセスである。彼女はフランスの同胞市民に、宗教的な意味をもったシンボル、すなわちヘッドスカーフを身につけて公の場に現われることを禁止する、厳格な世俗主義《ライシスム》の教義を再考するよう促しているが、その一方で、彼女自身もイスラームの「プロテスタント化」と呼ばれるものを内包した観点から、スカーフの着用の意味を書き換えている。イスラームおよびユダヤ教では女性の慎ましさを表わすものであり、より隠微なところでは、脅威とみなされた女性のセクシュアリティの抑圧を表わしてもいる角隠しは、今日では個人的な信仰や良心の行為として再解釈されているのである。しかし、スカーフの着用をムスリムとしてのアイデンティティや自己理解の一部として提示するにあたって、デブザはこれらの伝統の言外の意味を変形し、スカーフを着用することが他者の権利を侵害しないかぎりにおいて、そうすることの権利を他者に認めてもらうことを嘆願している。デブザはこう述べている。「スカーフを着用することは、私がだれなのかにとって非常に根本的なことでもあるので」（彼女自身の言葉では「それは私の一部なので」）、「あなたがたは、それがあなたがたの権利や自由を侵害しないかぎり、それを尊重しなければならない」。スカーフの着用は良心の行為として、そして道徳的自由の表現として再意味化されている。彼女の主張はこう要約されるであろう。フランスのすべての市民と居留民の宗教的自由への平等な権利（「人権と基本的自由の保護に関する欧州条約」によっても保護された権利）の保護は、フランスが実行している宗教と国家の特殊な分離、すなわち世俗主義《ライシスム》に関する条項よりも根本的なもの、ドナルド・ドゥウォーキンの用語では「切り札」とみなされるべきである。このプロセスにおいて、デブザは、「私たちは国家に私たちを恐れるなと教えなければならない」と述べている。これはフランスの共和主義の威圧的な伝統に対して、ムスリムの移民女性から出されたすばらしい思想である。

フランスの非宗教性《ライシテ》の伝統に提起された異議申し立ては、過小評価されるべきではない。宗教と国家の分離という条項は、自由民主主義体制の基礎ではあるが、かなりの民主的な変差を許容してもいる。たとえば、イギリスは英国国教会をもち、ドイツは「教会税」(*Kirchensteuer*)として知られている間接的な税制をつうじて、三つの公認された宗派、つまりプロテスタント、カトリック、ユダヤ教を助成している。フランスの共和制的な伝統は、反教権主義とカトリック教会の制度への敵対という歴史的な経験から生まれたものだが、今日、新しい異議申し立てに直面していることに気づいている。しだいに多文化的な社会へと向かうグローバルな潮流という文脈のなかで、宗教的な多様性の要求をどのように調停すべきなのだろうか。フランスの伝統によって大切に守られてきた共和制的な公的領域は、さまざまな人種、肌の色、信仰をもつ諸個人が、ほかならぬこの公的領域において、自らの私的な信仰やアイデンティティの記号やシンボルを身につけて活動することを望んだからといって、本当に傷つけられてしまうのだろうか。特定のアイデンティティをつうじた自己表現は、フランスの市民資格の理解にとって脅威とみなされなければならないのだろうか。

明らかに、九月一一日の事件と第二次イラク戦争以後、フランス政府は革命期の「美徳の共和国」の経験を再現するのではなく、その五〇〇万人のムスリムの忠誠と礼節を保持しなければならなくなった。多文化的な共存の現実は、ロベスピエールには失礼ながら、美徳の共和国から寛大な礼節の共和国への移行を必要としているのである。

「変わりゆくフランスの顔」を文字どおり、そして比喩的な意味でもはっきりと認めるかたちで、二〇〇三年八月、一三人の女性たちが、革命の偶像であり、一八三〇年にウージェーヌ・ドラクロワによって描かれた、胸をはだけてバリケードを突き進む「マリアンヌ」を代表するために選ばれた。そのうち八人が北アフリカのムスリム出身で、残りはアフリカ系の移民もしくは移民の子どもたちであった。教会と国家の分離をめぐる激しい国民的論争がつづけられているなか、これらの女性たちはイスラームのヴェールやその他の民族的なかぶりものではなく、フランス革命のシンボルである古代のフリギア帽をかぶっていた(Sciolino 2003b)。政府機関はこれらの女性たちを、デブザのようなヘッドスカーフを着用することを主張する人々に対抗するシンボルとして表彰することを決定したが、しかし逆説的なことに、それはまた彼女たちにフランス議会に異議を申し立てる力も与えてしまった。議会は圧倒的に白人の中年の男たちで成り立っており、女性はわずか一二パーセントしかいない(ibid.)。彼女たちのひとりが、こう述べていたことが引用されている。「このマリアンヌたちは、ここ二〇年間の現実であったものを目に見えるようにしました。国民議会をごらんなさい。みんな白人で、お金持ちで、男性で、学歴のある人たちばかりです。今日、私たちは彼らの場所に入っていきました。私たちはここにいるのです」(ibid.)。(7)

文化は重要である。文化の評価は、われわれの必要、善き生をめぐる構想、そして未来への夢の解釈と深く結びついている。これらの評価はとても深いところにも及んでいるので、自由民主主義的な政体の市民であれば、マイケル・ウォルツァーが「自由主義と分離の技法」と呼んだものによって生きることを学ばなければならない(Walzer 1984)。すなわち、その存在様式がわれわれ自身の存在様式を深く脅かすかもしれない、他者の他者性とともに生きることを学ばなければならないのだ。こうした市民社会での出会いのほかに、道徳的かつ政治的な学習はどのように起こりうるというのだろうか。法は文化と政治の作用が持続する枠組みを提供する。しかし、法は古代人が理解していたように国家の壁ではあるけれども、政治の技法と情念はこれらの壁のなかで生じ(Arendt 1961 参照)、政治はたいていこれらの障壁の解体か、少なくとも、それらの浸透性を確保することへと発展するのである。

政治的自由主義の立憲的な本質と、その現実の政治とのあいだには弁証法がある。権利やそれ以外の自由民主主義国家の原理は、それらの原初的な意味を豊かにするためにも、周期的に異議を申し立てられ、再表明されなければならない。あらゆる権利要求が立憲的な伝統だけでなく、その文脈を超越した妥当性においても根本的に制限されたものであると理解されるのは、新しい集団が、自分たちはその最初の表明では排除されていた権利の名宛人の範囲に属している、と主張するときだけである。民主的な対話は、そして法解釈的な対話もまた、自由民主主義体制の公的領域での権利の再定位と再表明をつうじて促進される。法はときに、こうしたプロセスを導くことができる。というのも、法改正は国民の意識を先導し、国民の意識を憲法のレヴェルにまで高めるかもしれないからである。しかし、法はまた国民の意識から立ち遅れ、それに適合するよう急き立てられなければならないこともある。活気のある自由主義的な多文化的民主制においては、文化的=政治的な対立とその対立をつうじた学習は、法の操作をつうじて抑えつけられるべきではない。民主的な市民は、自分たちの重なり合う合意の限界を検証することで、分離の技法を自ら学ばなければならないのである。

当初、学校でのヴェールの着用を禁止したフランス当局の介入は、ある集団の「後進的に見える」習慣を近代化しようとする、進歩的な国家官僚の試みのように思われていたが、この介入は一連の民主的反復へと接続されていった。これらはヴェールを着用することの意味をめぐるフランス国民の激しい論争から、当事者である少女たちの自己弁護と彼女たちの行為の意味の再表明へと、ほかの移民女性たちの職場におけるヘッドスカーフの着用の促進へと、そして最後には、アラブおよびアフリカ諸国からの移民女性たちに「マリアンヌ」を代表させることで、フランスの顔を再意味化するという非常に国民的な行為へと広がっていったのである。

とはいえ、私はフランスのムスリム住民への国民の不満や、さらには深刻な外国人嫌悪的な憤りの度合いを過小評価したいわけではない。民主的反復は国民の自己反省のプロセスへと発展すると同時に、国民の防衛意識をもたらすこともある。ヨーロッパ全土で多くの右翼政党の動員が強まっている。フランス、オランダ、イギリス、デンマーク、ドイツ、その他のところで、ヨーロッパの移民とりわけムスリム系の住民の地位が、とくに二〇〇一年の九月一一日以後、そして二〇〇四年三月のマドリードの列車駅爆発以後、発火しやすい争点となっていることは広く知られている。しかし、こうした政治的論争が結果的にどのように解決されようとも、それらが一方ではヨーロッパの普遍主義的な人権公約の原則と意志によって、他方では民主的な自己決定の要求によってつくられた枠組みのなかで争われることは明らかであろう。

ドイツのスカーフ事件——フェレシタ・ルーディンの場合

近年、ドイツの国民と裁判所は、フランスのスカーフ事件とまったく類似した難しい課題に対処してきた。バーデン゠ヴュルテンベルクの小学校教師で、アフガニスタン出身のドイツ市民であるフェレシタ・ルーディンは、スカーフをかぶって授業を行なうことができるよう嘆願した（Emcke 2000, 280–285 参照）。しかし、学校当局はそれを断固として認めなかった。この事件は最終的にドイツ憲法裁判所まで持ち込まれ、二〇〇三年九月三〇日、同裁判所はつぎのような判決を下した。ヘッドスカーフを着用することは、裁判所に提示された文脈では、原告が「ムスリムの信仰共同体」（*die islamische Religionsgemeinschaft*）に属していることを表明するものであった。裁判所は、こうした行為を初等および中等学校の教師の立場にある資格（*Eignungsmangel*）の欠如の表われとして説明することは、基本法（*Grundgesetz*）の第三三条二項によって規定された、すべての公職に平等にアクセスする原告の権利と衝突し、また基本法の第四条一および二項によって保護された、良心の自由への彼女の権利とも衝突すると結論を下したが、そうした行為のための必要かつ十分な法的理由を提示することはなかった（BVerfG, 2BvR, 1436/02, IVB 1 and 2）。フェレシタ・ルーディンの基本的権利を認めながらも、裁判所は彼女の訴えを棄却し、この問題の最終的な決定権を民主的な立法府に委ねてしまったのである。「原告の権利は認められなければならないが、責任ある州の立法府は「彼女がスカーフをかぶって教えるのを断固として認めないための」法的根拠を、憲法によって設けられた枠組みのなかで、学校で認められる宗教的品目の範囲をあらためて決定することで、任意に構成することができる。州の立法府はこのプロセスにおいて、世界観および宗教の問題に関して中立性を保持する国家の義務だけでなく、教師および関係する生徒の良心の自由、そして両親の側の子どもを教育する権利もまた考慮しなければならない」（BVerfG, 2BvR,

1436/02, 6)。

ここで争われた権利、すなわち、良心の自由と公職への万人の平等なアクセスの権利の基本的な性質を認めながらも、ドイツ憲法裁判所はフランスの国務院とまったく同じように、民主的な立法府の意志に反してまで、これらの権利を保護することを拒否した。だが、それはこの事件を学校当局の独占的な管轄権に委ねるのではなく、こうした問題において宗教および世界観の中立性を維持する国家の必要性を強調することで、民主的な法の制定者たちに、自由民主主義体制における世界観の正統な多元主義を尊重することの重要性を訴えたのである。しかし、裁判所はこうした多元主義を守るために積極的に介入することが可能であるとはみなさず、それを州の立法の範囲内に収まることであると判断した(8)。こうした遠慮がちな判断は、一部の人々を驚かせるかもしれない。明らかに、ドイツの教師はさまざまな公務員法の特別な管轄下にある国家の役人《ベアムテ》でもあるという事実が、ドイツ憲法裁判所が立法者の規制的な管轄権へと介入することを望まなかったことに役割を果たしていたのかもしれない。とはいえ、裁判所の本当の懸念が、手続き的な問題ではなく、これ見よがしに自らの「出身共同体の伝統」への帰属を表わすものを着用した女性がドイツ国家の役人の責務と任務を果たしうるのか、という実質的な問題であったという印象は拭いきれないのである(9)。

ルーディンがドイツの法に従って、教師となるのに必要とされる資格条件をきちんと満たした、アフガニスタン出身のドイツ市民であるという事実にもかかわらず、彼女がスカーフを着用することの文化的および宗教的な意味は、ドイツ社会で広く支持されている教師の公的な顔についての信条と衝突した。彼女の市民であることの権利をめぐる二つの次元が、すなわち、正規の法の保護を受ける資格と厳格なムスリム女性としての文化的アイデンティティが衝突したのである。ドイツ憲法裁判所は、学校に着用あるいは持ち込んでもよい、宗教的な衣服その他の装飾品の範囲の決定を州の立法府に委ねながら、関係する両親および子どもたちの文化的および道徳的な期待を強調した。かくして、良心の自由への権利は、宗教その他の世界観への国家の中立性の承認にもかかわらず、自分たちの特殊な文化的アイデンティティと伝統を維持することへの民主的な国民の関心に従属させられたのである。裁判所は多元主義をめぐる強力な憲法上の擁護を提示することができなかった。これはドイツ市民であることとの地位と、諸個人の文化的、民族的、宗教的なアイデンティティをはっきりと区別することを必要とするものであった。もちろん、ほかの多くの自由民主主義体制と同じように、ドイツでも人種、ジェンダー、エスニシティ、宗教にもとづいた差別が憲法違反であるかぎり、こうした形式的な分離は法のなかに何ほどか文言化されている。しかし、ドイツ国家の役人であるという文脈においては、より厚く実質的な市民アイデンティティの理解が呼び出された。そして、そのことが、いかなる宗教にも帰属していないのではなく、イスラームに帰属していることを表明した、この教師の公的な意思表示を排除したように思われるのである(10)。

フェレシタ・ルーディンの事件は、公職に就く資格を取得した市民の平等な要求と特殊な民族文化的アイデンティティが、自由民主主義体制においてさえ、たやすく調和的には共存しえないことを示唆している。成員資格の特権と民族文化的アイデンティティは衝突する可能性があり、実際にそうなっている。以下で考察するように、自治体や行政区の選挙での居留外国人の投票権をめぐる決定では、ドイツ憲法裁判所は民主的な発言権の行使と、運命と記憶の共同体として特徴づけられた国家の成員ではないことの、さらなる衝突を示したのである。

だれがドイツ市民たりうるのか――国民を定義しなおすこと

一九九〇年一〇月三一日、ドイツ憲法裁判所は、一九八九年二月二一日にシュレスヴィヒ＝ホルシュタインの州議会によって採択された、同州の地方自治体（郡《ベチルク》）および行政区（市町村《クライス》）の選挙に参加する資格要件を変更した法律に違憲判決を下した（BVerfG, 83, II, Nr. 3, p. 37）(11)。一九八五年五月三一日から効力をもったシュレスヴィヒ＝ホルシュタイン州の選挙法によれば、基本法の第一一六条に従ってドイツ人であると定義され、一八歳に達し、少なくとも三カ月間その選挙区に居留したすべての人々は、投票する資格をもつとされていた。一九八九年二月二一日の法律は、それを以下のように修正することを提案した。正当な居留許可証をもつか、あるいはそれを必要としておらず、デンマーク、アイルランド、オランダ、ノルウェー、スウェーデン、スイスの市民で、シュレスヴィヒ＝ホルシュタイン州に少なくとも五年間居留しているすべての外国人は、地方ならびに行政区の選挙で投票することができる。この六カ国が選ばれたのは互恵原則によるものであった。これらの国々は外国人居留民に地方選挙で、ある場合には地域選挙で投票することを認めているので、州の立法者たちはそれに対応することが妥当とみなしたのである。

この新しい選挙法は憲法違反であるという主張が、ドイツ議会の二二四名の議員によってなされた。

その全員が保守的な政党であるキリスト教民主同盟／キリスト教社会同盟（CDU／CSU）の党員たちであった。そして、この主張はドイツの連邦政府によって支持された。裁判所は、提出された選挙法の改正が、ドイツ基本法の第二〇条および第二八条において「すべての国家権力は国民から生まれる」と規定された「民主主義の原則」と矛盾すると主張し、自らの判決を正当化した（BVerfG 83, 37, Nr. 3, p. 39）。さらに、それはこう論じている。「ドイツ連邦共和国の基本法が憲法を公布する権威［*Gewalt*］の担い手とみなしている国民［*das Volk*］、すなわち国家の正統化と創出の主体である国民は、ドイツ国民である。外国人はそれには属さない。国家共同体［*Staatsverband*］の成員資格は、市民資格の権利をつうじて定義される……。国家の市民資格［*Staatsangehörigkeit*］は、市民と国家との基本的に分離しがたい人格的権利を構成している。この国家に帰属することの権利を支えている国家の国民［*Staatsvolkes*］という構想［観念 *Bild*］は、個々の市民が束ねられている政治的運命共同体［*die politische Schicksalgemeinschaft*］である。彼らが逃れることのできない［*sich entrinnen können*］故国との連帯、その運命との連累［*Verstrickung*］は、投票を国家の市民に制限するための正当な根拠でもある。彼らは自らの決定の帰結を担わなければならない。これとは対照的に、外国人はこの国家の領土にどれだけ長く居留していようとも、いつでも故国に帰ることができるのである」（BVerfG 83, 37, Nr. 3, pp. 39–40）。

この波紋を呼んだ声明は、三つの構成要素に分解することができる。第一に、国民主権（あらゆる権力は国民から生まれる）の定義、第二に、だれが国家の成員であるかをめぐる手続き的な定義、第三に、「政治的運命共同体」という構想にもとづいた国家と個人の結合をめぐる哲学的な探求である。裁判所の主張によれば、国民主権に従うかぎり、民主主義の原則と国民の概念と国家権力のすべてのレヴェル、すなわち連邦、州、郡、市町村レヴェルでの投票権をめぐる主要な指針とのあいだには「一致」がなければならない。異なる国民主権の概念を、国家の異なるレヴェルで採用することはできない。長期の居留外国人に投票を認めることは、国民主権が、市町村および郡レヴェルと州および連邦レヴェルとでは、異なるかたちで定義されることを意味している。裁判所は、ハーバーマス的な討議民主主義の原理をほとんど直接的に拒絶するかたちで、こう言明している。ドイツ基本法第二〇条は、「国家機関の決定は、いずれの場合も、その利益が影響される人々［*Betroffenen*］をつうじて正統化されなければならない」ことを含意しているのではない。「むしろ、それらの決定の権威は、たがいに統一体として結びついた、集団としての国民［*das Volk als eine zur Einheit verbundene Gruppe von Menschen*］から生まれなければならないのである」（BVerfG 83, 37, II, Nr. 3, p. 51）。

シュレスヴィヒ＝ホルシュタインの州《ラント》の議会は、この裁判所の理解に異議を申し立て、民主主義の原則も、国民のそれも、外国人の選挙に参加する権利を排除するものではないと主張している。「基本法の根底にあるモデルは、国民という集合体の民主主義ではなく、人間の民主主義を構築することである。結局、この基本的な原則は、国家の国民［*Staatsvolk*］と二級市民の集団［*Untertanenverband*］を区別するのを認めてはいない」（BVerfG, 83, 37, II, Nr. 3, p. 42）。

最終的に、ドイツ憲法裁判所は一元的で機能的に差異化されない概念を支持し、この国民主権をめぐる論争を解決したが、それは主権的な国民が自らの代表をつうじて市民資格の定義を変えられることを容認するものであった。手続き的にみれば、「国民」は必要な国家の成員資格をもつ、すべての人々を表わしているにすぎない。もしある人が市民であれば、その人は投票する権利をもっている。そうでないならば、そうではない。「このように、基本法は……市民資格の獲得と喪失の規則の、したがって国民に帰属することの基準のより正確な決定を立法府に委ねている。市民資格をめぐる法律は、それゆえ、立法府がドイツ連邦共和国の人口構成の変化を公平に判断しうる場となるのである」。これはドイツに永住する、すべての外国人による市民資格の獲得を簡素化することで達成されるであろう(BVerfG 83, 37, II, Nr. 3, p. 52)。

ここにおいて、裁判所は民主的正統性の逆説をはっきりと提示している。すなわち、デモス〔市民〕への内包あるいは排除の権利を決定される人々自身が、それらの規則を決定する人々ではないという逆説である。民主的なデモスは、市民資格の許可の基準を変更することで、自らの自己定義を変えることができる。裁判所は、民主的な参政権と国籍が固く結びつけられた、古典的な市民資格のモデルにいまだに固執している。しかし、裁判所は外国人の帰化を管理する法律の改正のための手続き的な正統性を提示することで、変わりゆく人口構成に適応するために、自らの自己定義を変更する民主的な主権者の力を認めてもいる。市民と外国人を分かつ境界線は、市民自身によって再交渉されうるのである。

しかし、裁判所によって提示された民主的開放性の要素は、これもまた裁判所によって投影されたもうひとつの民主的国民の観念、国民を諸個人が束ねられている連帯の絆(*Verstricktheit*)によって統一された「政治的運命共同体」とみなす観念とは、まったく正反対のものである。ここでは、民主的な国民がエトノス〔民族〕、すなわち、共有された運命、記憶、連帯、帰属の力によって統一された共同体とみなされている。このような共同体は、自由な加入と脱退を認めるものではない。そうした共同体の成員との婚姻は、おそらく何ほどか世代を越えた統合をもたらすかもしれない。だが、民族という記憶、運命、帰属の共同体における成員資格は、成人になればその遺産を放棄し、そこを脱出し、あるいは、それを変えようと望みうるかもしれないが、たいていは生得的なものである。自由民主主義的な政体は、どこまでエトノス共同体とみなされるべきだろうか。裁判所は、「運命共同体」としての国家を強く喚起したにもかかわらず、民主的な立法府には市民資格の意味と民主的な帰属の規則を変更する特権があるとも主張している。市民資格を変更するにあたっては、変化した人口構成の性質が正しく判断されなければならないだろう。デモスとエトノスは簡単には重複しないのである。

振り返ってみると、一九九〇年に述べられたこのドイツ憲法裁判所の判決は、消えゆく国民イデオロギーの辞世の句であるように思われる。一九九三年、マーストリヒト条約、すなわちヨーロッパ連合条約は、自国以外の加盟国の領土に居留する一五の署名国のすべての成員に、投票権と公職に立候補する権利を付与するヨーロッパ市民資格を確立した。シュレスヴィヒ゠ホルシュタイン州が互恵的な投票権を付与したいと考えていた六カ国、デンマーク、アイルランド、オランダ、ノルウェー、スウェーデン、スイスのうち、ノルウェーとスイスだけはEU加盟国ではなかったので、マーストリヒト条約の非受益国のままであった。

その後の一〇年間、民主的反復の力強いプロセスが、当時統一されたドイツで展開されることになった。というのも、それはドイツ憲法裁判所が民主的な立法府に提起した、人口構成に応じて市民資格を定義するという難しい課題が再開され、再表明され、再専有された時期でもあったからである。ハンブルク都市州は自らの地方選挙法を改正しようとする同様の訴えのなかで、とても明白にこう述べている。「ドイツ連邦共和国は、実際のところ過去数十年間で移民の国となった。ここで非難されている法律によって影響を受ける人々は、したがって外国人ではなく、ドイツの市民資格をもっていないというだけの同居人［*Inländer*］である。これはとくに、ドイツで生まれた二世、三世の外国人にあてはまる」（BVerfG 83, 60, II, Nr. 4, p. 98）。デモスはエトノスではない。また、われわれのなかで生活している、エトノスの異なる人々は外国人ではない。むしろ、彼らは「同居人」であって、のちに政治的に表現されたように「外国出身の同胞市民」（*ausländische Mitbürger*）なのである。これらの用語は、市民、居留民、非居留民以外の区別に慣れていない耳には奇妙に聞こえるかもしれないが、それでも一九九〇年代のドイツにおける国民意識の変化を示唆している。最終的に、この激しい自己分析的な国民的論争は、移民の事実だけでなく、その望ましさを認めることにもつながった。移民の二世、三世の子どもたちを帰化させる必要が認められ、二〇〇〇年一月にはドイツの新しい市民権法が制定された。ドイツ憲法裁判所がシュレスヴィヒ゠ホルシュタイン州とハンブルク都市州の選挙法改正を、居留外国人は市民ではなく、したがって投票の資格をもたないという理由で却下してから一〇年、ドイツの市民権はEU加盟をつうじて分解されるにいたったのである。EU諸国の居留民は、地方および連合規模の選挙で投票することができる。さらに、ドイツはいまや自らが移民の国であること、移民の子どもは出生地主義に従ってドイツ市民であること、そして第三国の国民である長期の居留民も望みどおりに帰化しうることを受け入れているのである。

権利とアイデンティティを再意味化すること

本章では、権利とアイデンティティの弁証法を立証する、民主的反復のプロセスを解明してきた。このプロセスでは、問題とされるアイデンティティと権利要求の意味そのものの両方が、再専有され、再意味化され、そして新しい異なる意味を吹き込まれる（第4章参照）。このような公的論争に巻き込まれた政治的行為体は、たいてい自分がだれであるのか、そして自分は何を代表しているのかについての何らかの理解をもって、その論争に加わることになる。しかし、このプロセスそれ自体が、そうした自己理解を変えることもある。たとえば、フランスのスカーフ事件では、ミシェル・フーコーのいう「従順な主体」（Foucault 1977, 135-170）とたいていみなされていた女性たちの集団が、しだいに勇気を出し、おそらくは戦闘的にさえなっていくのを目撃した。伝統的なムスリムの少女や女性たちは、公的な領域にはまったく現われないものだと思われていた。これらの少女や女性たちに、公立学校で教育を受け、職場へと入り、そしてドイツのフェレシタ・ルーディンの場合のように、公務員の地位をもったドイツ人教師となることさえ可能にしたのは、皮肉にも、女性の役割について公平で寛容な見解をもっていた西洋の民主制であった。彼女たちは「従順な身体」から「公的な自己」へと変容した。当初、彼女たちの闘争は伝統的アイデンティティを取り戻すことであったが、自分で選んだかどうかは別にして、彼女たちは女性として、予想もされなかった方法で力をもつようにもなった。彼女たちは国家に言い返すことを学んだのである。国家に言い返すようになったこれらの女性たちの公的自己が、いまのところ支持しようと守っているイスラームの伝統の意味それ自体にも及び、それと争うようになるのも時間の問題でしかないと予測される。やがて、これらの公的論争は、ムスリムの伝統における女性の権利の地位をめぐって、私的なジェンダーの闘争を開始するであろう(12)。

これらの事例は、外部者が政体の境界ではなく内部にいるということも示している。実際のところ、国民と外国人、市民と移民という二項対立それ自体が社会学的には不十分であり、多くの市民が移民の出身で、多くの国民自身が外国生まれである以上、現実ははるかに流動的なものとなっている。現代の民主制における移住の実態と多文化主義はたがいに合流している(Benhabib 2002a 参照)。フランスとドイツのスカーフ事件が同質的な国民という観念に異議を申し立てた一方で、ドイツ憲法裁判所の決定は、民主的な市民資格の形式的な特権をもつ人々(デモス)と、住民の成員ではあるけれども、そのデモスに形式的には属していない他の人々とのあいだに、しばしば不一致があることを示した。この事例では、ドイツの裁判所が民主的な立法府に、変わりゆく人口構成の現実を反映して、ドイツ市民であることの定義を調整するよう申し出たことによって、そうした難しい課題がとりあげられ、市民権法の改正が行なわれることになったのである。民主的な国民はこのような民主的反復の行為をつうじて自らを再構成し、そうして民主的な発言権を拡大することができる。外国人は居留民になることができ、居留民は市民になることができる。民主制は入りやすい国境を必要としている。これはハンブルク自由都市州によって的確に述べられたことである。この都市州はドイツ憲法裁判所への直接的な異議申し立てのなかで、そして繰り返す価値のある文章のなかで、こう述べている。「ドイツ連邦共和国は、実際のところ過去数十年間で移民の国となった。ここで非難されている法律によって影響を受ける人々は、したがって外国人ではなく、ドイツの市民資格をもっていないというだけの同居人［*Inländer*］である。これはとくに、ドイツで生まれた二世、三世の外国人にあてはまる」（BVerfG 83, 60, II, Nr. 4, p. 98）。

「われわれ国民」の構成は、ロールズ派の自由主義者たち、あるいは市民衰退論者たちが主張したよりもはるかに流動的で、論争的かつ競合的で、動態的なプロセスである。第3章で論じたように、自己完結した道徳的世界としての諸国民というロールズの観念は、経験的にも規範的にも欠陥がある。こうした観念では、国民の二重のアイデンティティを正しく判断することができない。すなわち、国民はエトノスであり、共有された運命、記憶、道徳的共感の共同体でありながら、その一方では、デモスであり、同じエトノスに帰属しているかどうかにかかわりなく、民主的に参政権を与えられたあらゆる市民の総体でもあるのだ。近代国民国家であるすべての自由民主主義体制は、これらの二つの次元を提示している。国民であることをめぐる政治は、それらの交渉のなかにある。国民は自己完結的で自己充足的な実体ではない。アルジェリア、チュニジア、モロッコ、そして中央アフリカからの非常に多くの移民の存在は、フランスの帝国主義的な過去と征服の証拠となっている。それはドイツにおける非常に多くの外国人労働者《ガストアルバイター》の存在が、第二次世界大戦後のドイツの経済的現実を反映しているのと同じである。彼らの存在なくしては第二次世界大戦後のドイツの奇跡はありえなかったであろう、と主張している人もいる（Hollifeld 1992）。国民であることは動態的であって、静態的な現実ではないのである。

マイケル・ウォルツァーのような市民衰退論者たちはエトノスとデモスを混同しており、その点でロールズ派の自由主義者たちと同じくらい間違っている。支配的文化の記憶や道徳を共有しない他者の存在は、民主的な立法府に、民主的な普遍主義の意味を再表明するという難題を提起している。こうした難題は、民主主義の文化の解体へといたるどころか、民主主義の文化の深さと広がりを明らかにするものである。強い民主制をもった政体だけがそのような普遍主義的な再表明を行ない、そうすることで国民であることの意味を書きかえることができる。フランスの政治的伝統は、それがアルジェリア人の女性やコートジボワール出身の女性によって持ち出され、再専有されているからといって、弱まっていることになるのだろうか。ドイツの歴史は、それがアフガニスタン系ドイツ人の女性によって教えられているからといって、混乱した謎めいたものになってしまうのだろうか。これらの事例のなかには、市民資格の衰退ではなく、民主的反復をつうじた市民資格の再構成が見いだされるのである。

結　論——コスモポリタン的連邦主義

二〇〇三年四月四日、アメリカの新聞は、同年三月二一日にイラクのウンカサ郊外での戦車戦で、二七歳の若さで亡くなったホセ・グティエレス伍長の事件を伝えた（Weiner 2003）。グティエレス上等兵はグアテマラ出身の証明書のない移民で、人目《ひと》を忍んで合衆国に入国し、カリフォルニアの海兵隊に入隊した孤児であった。彼のような事例はけっして珍しいことではない。イラクに駐留するアメリカ軍の隊員となった、合法的だが証明書のない、主にメキシコや中米からの移民たちが、二〇〇三年三月以後、一〇名以上も命を失った。アメリカ軍では約三万七〇〇〇人の移民が勤務しており、戦地勤務者のおよそ三パーセントを構成しているとみられている（Swarns 2003）。彼らの悲しい物語によって、保守派とリベラル派の両方の議員たちは、これらの殺害された兵士たちに死後の市民資格を、いくつかの場合には、彼らの配偶者と子どもたちにも市民資格を付与する法案を急いで提出することを唱えるようになった。彼らのなかには、軍隊に入隊した移民は即座に市民資格を付与されるべきであると主張する人もいれば、現行の軍役者への市民資格付与の待機期間を三年から二年に短縮することを提唱している人もいる。

移民がアメリカ軍に勤務することは、けっしてこれがはじめてではない。徴兵制は廃止されたけれども、多くの合法的だが証明書のない低所得の移民たちにとって、軍隊に入隊することは地位上昇の手段となった。かくして、投票する権利を認めない国のために死んでいく個人という、当惑するような事件に出くわす。つまり、たとえ彼らが「帰化」されるのを待っている合法的な永住者であったとしても、グティエレス伍長の場合のように証明書のない移民であれば、運転免許証を手に入れ、銀行口座を開く権利さえ与えられていないのである。

これらの変則的で直観的に不公平と思われる状況に対応しようとしたアメリカの議員たちのあわただしい活動は、本書が明らかにしようと試みた、領土性、主権性、市民資格のより一般的な混線状態を表わしている。自らの命を投げ出すことで民主的な国民のための究極の犠牲を遂行する人々が、必ずしもその正規の成員であるというわけではない。そのうえ、他国民に対して武器をとることを命じる法律そのものについて投票する権利を認めない国のために、死ぬことを求められている人々がいるのである。EU（ヨーロッパ連合）の内部とはちがって、合衆国における市民資格の分解は、合法的な居留民の地方および州レヴェルでの投票権をもたらすものではなかった。世界最大の移民国家であるにもかかわらず、アメリカの市民資格の概念は「帰化」を政治的発言権の前提条件としており、政治的権利の付与のレヴェルではかなり一元的なものとなっている。こうした実践は、たいてい以下のような論証によって擁護されている。すなわち、合法移民への市民資格の付与は、合衆国ではかなり開放的で、透明かつ迅速なので、市民資格の獲得を政治的発言権の前提条件とすることは不公正ではない、という論証である

(Motomura 1998 と Tichenor 1998 の応酬を参照)。

とはいえ、こうした弁明は現場の事実に注目したものではない。現在、合衆国には七〇〇万人と見込まれる証明書のない移民が存在し、その多くは農場、病院、ホテル、公衆衛生施設における労働力の活動的で貢献的な成員であり、また子どもたちを学校に送り、コミュニティや学校役員会で活動している人たちもいる。証明書のない移民であるという地位は、まったく発言権をもたないことを意味しているわけではない。しかし、これらの個人は、看護士や雑役係として病院に勤務していたとしても、自分自身が病気になり、病院施設の世話になることを恐れている。アメリカ社会で正式の証明書をもたないことは、市民的な死を表わしているのである。

彼らの「非合法性」の原因は、不合理なお役所仕事による不運や手違いから、「コヨーテ」として知られる密輸業者に仲介された故国を脱出する命がけの企てまで、さまざまなものがある。非合法性の地位は、他者を外国人として類別するものではない。証明書のない移民を正規化するためには、明らかに、合法的な編入の実践という民主的な調整が必要とされる。

証明書のない移民の地位は、市民的な死と政治的な沈黙を意味している。また、合法的な永住者にとっての政治的発言権の欠如は、彼らの実際的な公民権剝奪を意味している。ますます多くの個人が、自らの出身国の国籍を放棄せずに、ある国で長期にわたり二重の市民資格を保持し、生活したいと望むようになっている。合衆国の法律がそうであるように、民主的発言権をその人の国籍上の地位にのみ依拠させることは、国境や領土を越える諸国民の生活の複雑な相互依存を妨げるものである。合衆国は二重の市民資格を容易にしようという多くの要求には相変わらず冷淡であるが、メキシコやドミニカ共和国のような国々は、それらの離散した多くの住民が故国で何らかの市民資格を保持することを認めている。たとえば、地方および国政選挙で投票することや、ドミニカ共和国やコロンビアの場合では、公職に立候補し就任することなどである。東南アジア、インド、ラテンアメリカ全体で「柔軟な市民資格」（Ong 1999）が規範として現われているのである。

　これらの経験的な展開は、市民資格の分解へと向かう潮流のみを表わしているのではない。民主的な立法者たちがそのように思うかどうかは別にして、それらは民主的主権性の変容もまた告げている。民主的な主権性は、三つの統制的理念にもとづいている。すなわち、国民は法の従属者であると同時に起草者でもあるということ、統一されたデモス〔市民〕という理念、そして、そのデモスが統治する固有の自己完結的な領土である。本書全体をつうじて、後者の二つの理念は、規範的にも経験的にも、擁護されえないことが論じられてきた。デモスの統一性は、それがまるで調和的な所与であるかのようにではなく、むしろ、何ほどか意識的な内包と排除の闘争をつうじた自己構成のプロセスとして理解されなければならない。

　さらに、領土的な自己完結性という理念は、グローバル化の現象によって加速された、世界の諸国民の広大な相互依存のプロセスを妨げてもいる。国際法の出現と国際人権規範の普及は、グローバル化の拡大に対応した展開である。経済的、軍事的、コミュニケーション的な相互依存が増大するにつれて、旅行や越境的な移動が盛んになるにつれて、国際的な市民社会の活動を統治する、一連の規範や規則が現われている。国際法の正統性を主権国家間の条約だけに求める伝統的な見解は、グローバルな市民社会の法的な複雑性を理解するにはもはや十分ではない。こうしたモデルの衰退とともに、領土的な固有性もまた放棄されなければならない。

民主的な自己統治の核心にあるのは、公的自治の理念、すなわち法に従う人々はその起草者でもなければならないという原則である。もし国民の同質性や領土の自然性という誤った理念に頼らないとすれば、民主的な発言権や公的自治はどのように再構成されうるのだろうか。民主的な代表は、その国民国家的な構成を乗り越えられるように組織されうるのだろうか[1]。本書では、民主的な発言権の新しい再構成が、下位国家的および国境横断的な様式の市民資格をもたらしていることを提示してきた。とくにEUの内部では、都市や連合の国境横断的な制度における市民資格への回帰がみられる。とりわけ中米諸国でみられる「柔軟な市民資格」は、民主的な発言権や市民資格が行使される場所を複数化しようとする、もうひとつの試みである。

けれども、これらすべてのモデルに共通していることは、それらが代表を下支えするための領土的な成員資格の原則を保持していることである。アムステルダム、ロンドン、フランクフルトといった都市での居留権であれ、メキシコ、エルサルバドル、ドミニカ共和国、そしてアメリカ合衆国のあいだの二重の市民資格であれ、私が暗黙のうちに想定してきた民主的な代表のモデルは、境界づけられた領土へと接近し、そこで居留し、そして最終的には、その成員となることに依拠している。

領土的に基礎づけられない代表のモデルも、たしかに考えられよう。第一次世界大戦後の東中欧の民族問題をめぐってオットー・バウアー[2]が提唱したように、人はその人の言語的アイデンティティ、民族的遺産をつうじて、さらには宗教的な帰属、職業的な活動、そして影響を受ける利害関心をつうじて、ある個人もしくは一連の諸個人によって代表されるかもしれない。領土的な居留のほかにも、代表は多くの境界線に沿って立てることができる。ある規範の採用の帰結によって影響を受けるすべての人々が、その表明において発言権をもつことを命じた討議の正統性原則（序論を参照）は、代表および討議的な関係の位置の複数化へとたしかに発展する。たとえば、酸性雨によって影響される人々の共同体はカナダとアメリカ合衆国の国境を横切っており、これらの個人を、共有された利益、関心、活動のもとで統一している。グローバル化は、それが世界全体の人間行為の強度と相互関連性の両方を高めるかぎり、代表をめぐる新しい位置と新しい論理を結果的にもたらすであろう。

しかし、民主的な自己統治と領土的な代表のあいだには決定的な関係がある。民主制はまさしく自らを正統に権威づけている人々を拘束するとみなされる法を制定するので、その民主的正統性の範囲は自らを所与の領土における国民として画定したデモスを越えて広がることはない。民主的な法は囲い込みを必要とする。なぜなら、民主的な代表は、まさしく特定の国民に説明責任を負わなければならないからである。これとは対照的に、帝国的な立法は中央から公布され、その中央の周辺を支配する権力が及ぶかぎりにおいて拘束力をもつものであった。帝国には辺境があるが、民主制には境界線がある。領土性、代表、そして民主的な発言権を結びつけている、このゴルディオスの結び目を断ち切る方法はあるのだろうか。確実にいえることは、それ以外の原則にもとづいた代表的な制度は存在するであろうし、また増えなければならないということである。

十分に機能している民主制では、デモスとその他の代表的な機関のあいだで、それらの管轄と権威の限界についての論争的な対話が、いいかえれば、それらをめぐる一連の抗争的な反復がみられる。権力分立のもとでは、いかなる審級もそれ自体で最高の権威を主張することはできないが、あらゆる民主制は最終的な決定権をもったいくつかの審級を認めなければならない。だが、前章で考察したドイツ憲法裁判所の決定にみられたように、最終審は不可逆性や不可謬性を表わすものではない。民主的に選出された国民の代表、裁判官、その他の市民的および政治的行為者のあいだの複合的な対話は、複合的で論争的な反復という終わりのないものである。民主的なデモスは、こうした対話をつうじて発言権のない集団に選挙権を付与し、あるいは証明書のない移民に恩赦を施し、そうして自らを再構成することができる。法の権威の及ぶ範囲は再帰的に変更されうる。しかし、自らの名のもとで法が制定される人々と、その法が拘束力をもたない人々を区別する何らかの明白な境界設定なくして、民主的正統性が維持されるとは考えられないのである。

なぜカントは、世界政府が「普遍的な君主制」や「魂なき専制」になるだろうと主張したのであろうか。モンテスキューの政治支配のモデルがそこでは役割を果たしていたのかもしれない（Montesquieu [1748] 1965, I, 19–28; II, 10–11)。モンテスキューは、帝国は広大な領土と両立しうるが、共和制は中規模の国々を必要とすると論じていた。帝国ではひとりだけが自由で、残りは従属させられていたが、共和国では万人が自由である。領土が拡張すればするほど、個人間の相互連関が解体すればするほど、人々はたがいの運命に無関心になっていく。現代的な用語を使えば、民主的な発言権や他者との連帯への関心が消えていくということもできよう。

領土の大きさと統治形態のあいだには決定的な関係があるという直観は、西洋政治思想の歴史では古くからあった。そのことは認めよう。しかし、こうした関係を何よりも文化的アイデンティティの絆にもとづいたものとみなす共同体主義者や自由主義的ナショナリストたちとちがって、私の関心は民主的な代表の論理のほうにあった。なぜなら、その民主的な正統性が維持されるためには、囲い込みが必要とされるからである。たしかに、同一化や連帯は重要でないわけではないが、それらは民主的な愛着や立憲的な規範をつうじて変容されなければならない。それゆえ、私はカントの精神に従って、道徳的普遍主義とコスモポリタン的連邦主義を擁護した。そこで提唱されたのが、開かれたというよりも、むしろ入りやすい国境であった。難民や庇護申請者たちの最初の入国権は擁護されなければならないが、最初の入国から正規の成員資格への移行を規制する、民主制の権利もまた認められなければならないのである。私はまた、帰化を管理する法律を人権規範に従わせることを主張しながら、帰化を認めず、自らのなかにいる外国人の最終的な市民資格を禁止しようとする、主権的国民の要求を却下した。ある人々にとっては、これらの提案は根なし草のコスモポリタニズムの方向へと行きすぎるものであろう。また、ある人々にとっては、これらはまだ不十分であるかもしれない。新しい世紀の初頭において政治的成員資格にアプローチする最良の方法は、移民労働者たちのフリーダム・ライドのスローガンのひとつ、「いかなる人間も非合法ではない」（二〇〇三年一〇月四日、ニューヨーク）が示唆する、論争的な道徳的構想と政治的関与の異議申し立てを受け入れることであると思われる。本書では、こうした原則が生かされる構想を、公的自治にもとづいた、すなわち法の従属者が同時に起草者でもあることにもとづいた、統治形態としての民主制の制度的および規範的な必要性と両立させようと試みてきたのである。

註記

序論

（1）スティーヴン・クラズナー（Krasner 1999）はウェストファリア型の主権が歴史的に支配的であったことに懐疑を表明しているが、国家間の関係を秩序化するときのその規範的な力までもが疑わしいとは考えられない。

（2）国際人権レジームの事例には、「市民的および政治的権利に関する国際規約」、「経済的・社会的および文化的権利に関する国際規約」、「あらゆる形態の人種差別の撤廃に関する条約」、「女性に対するあらゆる形態の差別の撤廃に関する条約」、「拷問およびその他の残虐で非人道的あるいは品位を傷つける処遇または刑罰に反対する条約」、そして「子どもの権利に関する条約」のもとにある国連の条約機構も含まれる（Neuman 2003）。ヨーロッパ連合（ＥＵ）の成立は基本権憲章と欧州裁判所の設置をともなうものであった。「人権および基本的自由の保護のための欧州条約」はＥＵの加盟国ではない国家にも及び、その批准国の市民の要求が欧州人権裁判所によって審理されることを認めている。これと類似した展開は「人権の保護のための米州体制」および米州人権裁判所をつうじてアメリカ大陸においてもみることができる（Jacobson 1997, 75）。

（3）ニュルンベルク裁判において、「人類に対する犯罪」は国際武力紛争で企てられた犯罪を表わすために使われていた（United Nations 1945, Art. 6［c］; Ratner and Abrams［1997］2002, 26–45; Schabas 2001, 6–7 を参照）。ニュルンベルク裁判の直後、ジェノサイドもまた人類に対する犯罪として含まれていたが、「集団殺害犯罪《ジェノサイド》の防止および処罰に関する条約」（一九四八年）の第二条において明記された、それ自体の裁判上の地位ゆえに特異なものとされていた。ジェノサイドとは、完全な戦争の行為であれ、人種抹殺の行為であれ、民族浄化の行為であれ、ある集合体の生活および存在様式を故意かつ意図的に破壊することである。それは人間の多様性の破壊、人間であることの多種多様な様式の破壊を目的としている点で、人類に対する最悪の犯罪である。ジェノサイドは何らかの集団に属さない諸個人を排除するだけではない。それは彼らの必要不可欠な生活様式の根絶を目的としているのである（Ratner and Abrams［1997］2002, 35–36）。

これとは対照的に、戦争犯罪は旧ユーゴスラヴィア国際刑事裁判所規定（United Nations 1993）で定義されたように、当初は国際紛争にのみ適用されるものであった。しかし、その認識はルワンダ国際刑事裁判所規定（United Nations 1994）によって国内の武力紛争へと拡大された。今日では、「戦争犯罪」は戦闘行為にある敵だけでなく、民間人および非戦闘員への虐待もしくは攻撃をともなった、国際紛争および国内紛争にも言及するようになっている（Ratner and Abrams［1997］2002, 80–110; Schabas 2001, 40–53）。かくして、第二次世界大戦後の重要な展開においては、人類に対する犯罪、ジェノサイド、そして戦争犯罪が、国際紛争の状況において発生する残虐行為だけでなく、主権国の境界の内部での出来事、その国の役人、そして／あるいは市民によって、平時において企てられるかもしれない出来事にも適用されるよう拡大されたのである。国際法におけるこれらの概念と展開を明確にするにあたって格別のご助力をいただいた、メルヴィン・ロジャースに感謝したい。

1 歓待について——カントのコスモポリタン的権利の再読

（1）本章では、カントの「永遠平和」論文のいくつかの英訳を参照し、必要に応じて原文を修正した。これらのさまざまな版についての詳しい情報は、文献一覧を参照していただきたい。なお、最初の年数と頁数はドイツ語のテクストを、そのつぎのものは英語版のものをさしている。

（2）多くの英語版とフリックシューの翻訳にはいくつかの微妙な不一致があるので、関連する文章については彼女の訳文を参照した。

(3) ここでは、カントによる所有権の正当化にみられる、かなりの難点を考察することを差し控えている。カントのディレンマは、地球の表面の私的専有を原初の占有行為に依拠することなく正当化したことにあるように思われる。というのも、カントの見解によれば、後者は権利ではなく実力の条件を確定しているからである。それにもかかわらず、カントはこうした議論に訴えることが必要であることにも気づいていた。「この前提は実践理性の許容法則[*lex permissiva*]と呼ぶことができる。それはたんなる〈法＝権利〉自体の概念からは得られない権限を、すなわち、他のすべての人々を彼らが負わされなかったかもしれない義務に従わせ、われわれが選択したいくつかの対象を使用することを彼らに差し控えさせる権限をわれわれに付与するものである。なぜなら、われわれはそれらを所有した最初の人間だったからである」(Kant [1797] 1922, 49)。この許容法則は個々の共和国の内部だけでなく、共和国間においてもあてはまる。こうした規定に照らせば、共和制的な主権者のみが永遠の訪問の権利を付与することができるという主張が、共和制的な主権者が「共同所有」される地球の表面の一部を「私的に」支配する権利にもとづいていることも理解されるであろう。したがって、境界づけられた領土性は、カントによって、外的自由の行使の前提条件とされているのである。実際のところ「合法的な境界」の承認は諸国民の永遠平和が達成されるためにも不可欠である。

(4) ヘンリー・シジウィックの以下の文章を参照されたい。「……しかし困窮し、あるいは差し迫った必要にある人々は、特別なもてなしを要求する権利をもっている。これらは一般に認められた要求である。だが、それらの範囲とそれらに関係する義務をより正確に決定しようと試みるとき、そこにはかなりの困難と不一致が見いだされる。そして、そうした要求に関して現存する習慣や共通の意見を別の時代や国のものと比較するとき、その不一致はさらに限りなく大きくなるであろう」(Sidgwick [1874] 1962, 246)。最近のいくつかの議論については、O'Neill (1996) およびSheffler (2001) を参照されたい。

(5) イストヴァン・ホントの以下の卓越した見解を参照されたい。「もし『国民国家の危機』がそれらの領土の画定の正当化における弱さに関係し、それらの危機が国民的な土地所有の正当化に関係しているとすれば、『国民国家』の理念は今日危機にあるわけではない。なぜなら、それはつねにこれまでも『危機』にあったからである。領土が保全されうる世界は永遠平和の世界しかないのである」(Hont 1995, 176)。

3

＊　本章の短縮版は『フォーダム・ロー・レヴュー』七二巻五号(二〇〇四年四月)、一七六一～一七八八頁に収録された、ロールズと法に関するシンポジウムでの「〈諸国民の法〉、配分的正義、移住」として発表されている。

〈諸国民の法〉、配分的正義、移住

(1)　ロバート・H・ウィーブによる以下の定義を参照されたい。「ナショナリズムとは、自分たちの歴史に固有の土地で、自分たち自身の政府のもとで生きるために、自分たちが共通の祖先と共通の運命を共有していると信じる人々の欲望である。ナショナリズムは政治的な目標をもった野心を表現しているのである」(Wiebe 2002, 5)。この定義が、人々が実際に共通の祖先あるいは運命を共有しているのかどうかという問いを、いかに回避しているのかに留意されたい。彼らが自ら行なっていると信じていることは、ナショナリズムの運動にとって重要なことではある。しかし、社会科学者はこうした信念がナショナリズムの理解において決定的な要因であることを認めるけれども、それを共有する必要はない。こうした社会の行為者と社会の観察者との視座の二重性は、国民であることをめぐるロールズの定義ではまったく欠けている。

(2)　アンドリュー・クーパーの以下の見解を参照されたい。「これらの相違はこうである。現実主義の理論においては、国家の主権性という殻は、ある体制が不正に、あるいは道理に反して行為するときでさえ、穴を開けたり取り外したりできない。これは『厚い国家主義』と呼ばれるものの例である。他方、ロールズの理論においては、諸国民の法は、国家がそれ自身の国民と他の国家に正しくなしうることを、道理にもとづいて制約する。これは『薄い国家主義』と呼ばれるものの例である」(Kuper 2000, 644)。

(3)　この段階では、こうした論点がロールズの理論構築にとって含意するものを、より詳しく探究することはできない。それについては別のところで行なっている。Benhabib (2004) を参照されたい。

(4)　アイデンティティの物語的構成をめぐる構想については、別稿 (Benhabib 2002a, 6ff.) でより詳しく提起している。私の考えでは、アイデンティティは二つの理由から競合する物語をつうじて画定される。すなわち、人間の行為と関係は二重の解釈学をつうじて形成される。自らが行なうことは、自らが行なうことの説明をつうじて特定される。言葉と行為は等しく根本的である。なぜなら、ほとんどすべての社会的に意味のある人間行為は、行為主体と他者がその行ないについて与える説明をつうじて、何らかの行ないの型として特定されるからである。第二に、人間の行為と相互行為は「物語の網」をつうじて構成されるだけでなく、行為者の自らの行ないに対する評価的な立場をつうじて構成されるものでもある。これらは二次的な物語ではあるが、一次的な物語に対する規範的な態度をともなっている。

ロールズであれば、こうした複雑な哲学的前提と社会学的理論の使用は、正義に関する推論では禁じ手とされている、と反論するかもしれない。なぜなら、われわれは「公共文化」によって共有されうる前提に、自らを制約しなければならないからである（Rawls 1993, 13–14, 175）。ロールズ理論のとくに抑圧的な側面は、いつもこの点で感じられる。それはたいていの理論と哲学がもつ啓蒙的な使命に反している。しかし、この問題を除外したとしても、ロールズは彼の著作および『諸国民の法』の全体をつうじて社会科学に依拠しており、したがって、そこでの問いは社会学、歴史学、経済学の仮説と事実を活用するかどうかではなく、いかなる種類の事実と理論が使われるのかということであると主張しておきたい。ロールズはナショナリズム研究における「構築主義者」と「本質主義者」の論争を回避し、本質主義をまるで論争の余地のない立場として提示しているのである。Benhabib（2002a, 5–22, 187–189）を繰り返し参照されたい。

（5）ロールズが「閉じられた」という用語をどう理解させたがっているのかは不明である。彼はそうした社会が出国あるいは入国を認めるものではないと言おうとしているのだろうか。そうであれば、そうした社会は自由主義の社会ではなく権威主義的な体制であろう。鉄のカーテンの背後にあった国々は出国を禁止し、国内移住を厳しく規制していたという点で「閉じられて」いたのである。しかし、「良識ある階層的」社会からの出国の権利に関しては、Rawls（1999, 74, n.15）もまた参照されたい。

（6）「ある局面をみれば、移民は一般に公共財への最高の貢献者である。彼らは労働年齢に偏っており、受け入れ国は彼らの教育費を支払わなくてもよいのである。イギリスの内務省の研究では、外国生まれの住民は、歳出において受け取るよりも一〇パーセント以上を政府に支払っていると見積もられていた。しかし、移民の経済的影響についてのアメリカ国立研究評議会（ＮＲＣ）による一九九七年の権威ある研究では、ある瞬間をとるのではなく時間をかけてみるならば、その状況は一変することが判明した。ＮＲＣによれば、その場合、第一世代の移民は現在の価値に換算すると平均して最高三〇〇〇ドルの財政コストを強いるが、第二世代は八万ドルの財政収入をもたらすことが判明したのである」。"A Modest Contribution," *The Economist* (November 2–8, 2002), special supplement, "A Survey of Immigration," 12–13.

（7）マーサ・ヌスバウムによって提唱されたコスモポリタン的市民資格は、政治的実践というよりも、むしろ、自分たちに直接かかわる国の事件や関心を、遠く離れたところに住んでいる、見知らぬ人々であるかもしれない他者のそれらよりも優先しないという道徳的態度を要求している。ヌスバウムの見解によれば、コスモポリタニズムは、道徳理論において「特別な義務」と名指されるものの要求を認めない、普遍主義的な倫理である（Nussbaum 1996, 1997）。これらの義務は、家系もしくは共感、系譜もしくは類縁という、具体的な人間共同体に位置づけられることから生じている。ヌスバウムは「愛国主義」あるいは特定の領土的に境界づけられた国民共同体への特権的な関与が、こうした特別な義務を構成するのを認めようとはしない。愛国主義は「人類愛」への切り札とはならず、文化も家系も、血統も歴史も共有しない他者の必要を無視するよう導くものであってはならない（Nussbaum 1996, 12–17）。ここではヌスバウムとともに、道徳的普遍主義の核心にはコスモポリタン的な態度があり、道徳的行為者は普遍的なものの要求と個別的なものの引力を調停しなければならないということに同意しよう（Benhabib 1992 参照）。とはいえ、こうしたコスモポリタン的な道徳的態度が、その道徳的実践とは別に、いかなる政治的実践をともなうのか、そして、もしあるとすれば、いかなる制度がこうした思考様式に対応するのかは、あまり明らかにされてはいない。

（8）ベイツは、社会の内的凝集性を維持するために移民を制限しようとするシジウィックの訴えについて批評しながら、「現代の条件のもとでは、市民がその相対的にかなり豊かな社会の凝集性と秩序から得られる価値が、その他の人々がコスモポリタン的政策への支持によってもたらされる労働（もしくは富）の再配分から得られる価値よりも大きいということはなさそうに思われる」（Beitz［1979］1999, 209）と指摘している。自由主義的なコスモポリタンによれば、移住の流れは、地球の貧しい人々がより豊かな国々への入国を求め、それらの富の分有を要求するグローバルな再配分の側面とみなされるのである。

(9) ロールズはこの「責務」の源泉を明らかにしていない。困っている他者を支援する責務は、カント的なものであれ、規則功利主義的なものであれ、直観主義的なものであれ、ほとんどの個人の道徳性の体系のなかに含まれているが、集団間でのそうした義務の源泉が何であるかは明らかにされていないのである。考えられるひとつの答えは、〈諸国民からなる社会〉はそれぞれの国民が万人の条件を改善する責務をもった協力のシステムとみなされなければならず、その結果、諸国民のあいだの何らかの形式の平等が実現されうるであろうというものである。もしこれがロールズの推論(Rawls, 1999, 18–19)であれば、ベイツやポッゲといった自由主義的なコスモポリタンは、なぜ協力のシステムが協力する当事者間のよりいっそう厳格な平等の基準に従わされえないのか、と正当にも問うことができよう。『正義論』のなかのロールズの有名な文章を繰り返せば、なぜ国民は「たがいの利益に関心を」(Rawls [1971] 1972, 13)もたなければならないのであろうか。

(10) ロールズはデイヴィッド・ランデスの『諸国民の富と貧困』(Landes 1998)、アマルティア・センの『貧困と飢饉』(Sen 1981)、ジャン・ドレーズとセンの『飢餓と公共活動』(Drèze and Sen 1989)を引用している。しかし、これらの問題に関するセンの視座はかなりグローバル主義的かつ構造的なものであって、ランデスのものほど文化主義的でも国民国家中心的でもない。ロールズはこれらの相違をまったく無視しているのである。

(11) 数の体系はインドで生まれ、古代中国人は科学的および経験的な方法についてかなりのことを知っており、ギリシャの哲学者たちの思想や著作を守ってきた中世のアラブ人やユダヤ人の哲学者たちの努力がなければ、〈西洋〉のルネサンスも起こりえなかったであろう。諸文化のたがいの債務は、経済の歴史だけが表わしているものよりも、はるかに大きいのである。

(12) こうした但し書きをつけ加えたのは、以下の理由による。私は自動車保険や社会保障のシステムがどのように機能しているのか、どのように保険の掛け金が設定され、どのように社会保障の便益が分配されるのかを知らないかもしれないが、原理的には、知ろうと思えばそうすることができる。「意図せざる帰結」のシステムとは逆に、協力のシステムは知ることのできる規則と規制にもとづいているのである。しかし、社会的および経済的な生活は二つの図式によって、すなわち、協力のシステムと意図せざる帰結のシステムによって統御されている。経済的市場はこれらの二つの特徴を組み合わせた社会的領域である。市場が協力のシステムとして機能しうるのは、それがまさしく意図せざる帰結の論理にもとづいているからであると議論することさえできる。

(13) ナンシー・フレイザーは会話のなかで以下の反論を提示した。諸国家の内部においても同様の認識的および解釈学的な不一致があるのではないか、そして、これは政体内部の再配分的施策それ自体が非正統的であることを含意しているのではないか。これらの問題に関しては、あらゆる民主的社会において、大きな認識的および解釈学的な意見の相違があると考えられよう。しかし、グローバルな文脈とは反対に、こうした民主的社会はいくつかの特徴を提示している。それらは(a)住民のなかでだれが「もっとも不利な立場」にあるのかについて自由な論争が遂行されうる対話的な公共圏、(b)説明責任の範囲を明確にすることで、再配分的政策の変更が判断され、表明される共通の統治の枠組み、(c)異なる平等観を調停するにあたって暫定的な民主的一致点を形成する可能性および必要性である。

国際通貨基金（ＩＭＦ）、世界銀行、国際開発局（ＡＩＤ）のような機関は、しだいにこれらの民主的制約に従うことなく統治機能を担うようになっている。しかし、それらは民主的制約に従わなければならない。ここでの議論は反再配分論的なものではまったくない。むしろ、ここでは民主的な決定作成と再配分の政策を調停することが試みられているのである。

(14) ベイツの以下の記述を参照されたい。「諸原則の範囲を、それらを実行しなければならない諸制度の範囲とあまりにも厳密に同一視することは間違っている。なぜなら、その原則を遂行するさまざまな形態と制度（たとえば、一連の調整された地域的制度）が想像されうるからである」（Beitz［1979］1999, 157）。また、ポッゲが提唱している「多層的な図式」のもとで「入れ子状になった領土的単位」（Pogge 1992, 68）も参照されたい。

(15) これらの理論の社会学的および規範的な前提をめぐる重要な分析と批判については、ファイト・バーダーの以下の記述を参照されたい。「社会学的な議論の核心は、国家の境界線が経済の『機能的完結性』と『価値の共同体としての国民の実践的な自己理解』に対応した、近代国民国家の様式化された規範性の構築のなかにある。……『経済のグローバル化もしくは国際化』と制度の国際化（たとえばＥＵ）は、必然的に『経済、社会、そして国家の境界線の解体』へと発展するのである」(Bader forthcoming, 同文は Streeck 1998 からの引用による)。バーダーは正当にも、こうした歴史的な理想化の証拠はないと指摘している。

(16) オランダにおけるヨーロッパの外国人労働者コミュニティ間の政治運動をめぐる重要な分析については、Tillie and Slijper (forthcoming) を参照されたい。

(17) ノア・ピッカス (Pickus 1998) によって編集された重要な論文集『二一世紀の移民と市民資格』、とくにファン・ペレア (Perea 1998) とマイケル・ジョーンズ゠コレア (Jones-Correa 1998) の寄稿論文を参照されたい。

(18) 『応答するコミュニティ』誌で行なわれた論争のなかで、マイケル・ウォルツァーはこうした混同を行なっていることを強く否定し、多元主義を擁護していた。しかし、『正義の領分』(Walzer 1983) での議論の論理は、政治統合と文化的゠民族的アイデンティティとの確固たる区別を受け入れてはいない。

ウォルツァーは、私への応答のなかで、民主的な国民が反外国人および反移民的な立法を可決する権利を、彼らがそれによって自己決定を行使しているという理由から擁護している (Walzer 2001)。私は民主的な国民がそのような立法を可決するかもしれないことを問うているのではない。むしろ、民主的な国民がそれを可決するとき、政治哲学者は何を考え、何を行なうのかということを問うているのである。ヒトラーが権力を掌握したときドイツのユダヤ系市民の国籍を剥奪したことを非難しながら、どうして「良きデンマーク人」(ウォルツァーの例) が外国人嫌悪的で反移民的な立法を可決するのを、それほどよろこんで受け入れられるのだろうか。前者を忌まわしいものとみなし、後者を受け入れられるものとみなすためには、いかなる基準が用いられるのだろうか。この論争については、Benhabib (2001a) および Walzer (2001) を参照されたい。また、より詳しい議論については、Benhabib (2001b) を参照されたい。

(19) アメリカ合衆国における移民論争は、二〇〇一年九月一一日の事件、そしてアフガニスタンとイラクでの戦争によって根本的に変えられてしまった。これらの出来事の直後、移民はしだいに犯罪者とみなされるようになったのである。ロナルド・ドゥウォーキンが、二〇〇一年一〇月二五日に議会で可決されたアメリカ合衆国の愛国者法に関して述べているように、それは「テロリズムとテロリズムを支援することの驚くほど曖昧で大雑把な定義」から生まれたものである（Dworkin 2002）。それはまた犯罪の容疑者を不正な調査や訴追から守る規則を緩めるものでもある。

4 市民資格の変容——ヨーロッパ連合

＊ 本章の初期の草稿について非常に有益な批評をいただいた、ウィレム・マースに感謝したい。

（1） 世界人権宣言（United Nations 1948）の第一五条の文言はこうなっている。「何人も恣意的に自らの国籍を奪われたり、自らの国籍を変える権利を否認されたりしてはならない」。これは主権国家に、何が「恣意的ではない」国籍剥奪であるのかを決定するうえで、何らかの許容範囲を認めるものである。本書では、ナショナリズム的で自民族中心的な多数派を促進したいと願っている国家が、自ら恣意的ではないとみなしている標準的な実践のいくつかを問題としている。

（2） エスニシティは市民資格の取得を拒否もしくは許可するときの重要な要素であるとつねにみなされてきた。何らかの民族集団が居住する国家は、それらの民族的同胞の特別な処遇を求める傾向にある。たとえばイスラエルのように、帰還の権利をユダヤ人の末裔であると主張しうる人々の法的特権とみなす国家が実際に存在している。同様に、ドイツもバルト諸国、ロシア、その他の東中欧諸国の民族的ドイツ人（いわゆる移住者《アウスジードラー》や亡命者《フェアトゥリーベネ》）に特別な帰国の権利を付与する政策をとっている。国家が異なるエスニシティや宗教をもつ人々にも同等の入国許可を求める権利を否認しないのであれば、これらの実践は必ずしも差別的ではないと考えられるであろう。これらの実践が人権に抵触し、その観点からみて差別的であるのは、それらが民族的多数派と民族的純粋性を維持するという目標と結びつけられる場合だけである。たとえば、イスラエルの「帰還法」はパレスチナ難民の人権を侵害している。彼らの多くはもはやイスラエルに帰国することにさえ関心をもっておらず、その他の形式のさまざまな補償によろこんで同意するかもしれない。また別の人々は、自分たちはさまざまな難民条約の家族の再会と結合の条項のもとにあり、したがってイスラエルへの入国を認められなければならない、と十分な根拠をもって証明することもできるかもしれない。なんとイスラエル内閣の最近の決定は、イスラエル市民と結婚したパレスチナ人のイスラエル市民権を取得する権利さえ停止し、それによって国際法の基本的な条項のひとつである、国境によって引き離された家族の再会と結合を侵害するものであった。これとは対照的に、ドイツは自らの市民権法を寛大なものにし、いくつかの資格を満たしたすべての人々に移住を認めることによって、「追放された人々」に関する政策の自民族中心主義的なナショナリズムを回避したのである。

（3） 成員資格への人権は、職業のような「自発的に選択された」アイデンティティの属性と、言語集団、エスニシティ、宗教などのような「生得的」あるいは「非自発的」な特徴との問題のある区別に依拠しているのだろうか。そうであるならば、後者のアイデンティティ特性をめぐっては、かなり本質主義的な見解がとられないだろうか。こうした文化本質主義については、Benhabib（2002a, 1–23）のなかで詳しく反論しており、成員資格への人権に関するここでの主張にとっても、そうした本質主義は中心的なものとはみなされていない。むしろ、自由民主主義体制における市民は、自らを具体的なアイデンティティをもつと同時に、普遍的な道徳的および政治的権利の担い手でもあるとみなしているということが、ここでは論じられている。外国人および居留民に自由民主主義体制の市民となる権利を永遠に認めないことは、これらの権利に内在する万人のコミュニケーション的自由を侵害しており、偽善的であると同時に自己矛盾したものでもある。したがって、問題は自由民主主義体制の共有された公共文化と、諸国民の特殊な文化的、言語的、宗教的な遺産とのバランスにかかわっている。デモス〔市民〕とエトノス〔民族〕の関係はいかなるものか。ここでの主張は、他者に帰化を永遠に禁止することは、自由民主主義体制とは両立しえないということである。そうした体制は権威主義的で、結局は抑圧的な「民族支配《エスノクラシー》」となるであろう。とくに、イスラエルの最近の議論で普及している「民族的民主制」という概念は信じがたいものである。このことについては、第5章以下で振り返ることにしよう。こうした反論に気づかせていただいた、パッチン・マーケルに感謝したい。

（4） この議論の一部は、Benhabib（2002b）においてまえもって提起されたものである。

（5） 「欧州憲法条約」の第一部八条（european-convention.eu.int/docs/Treaty/cv00820.en03.pdf）を参照されたい。マーストリヒト条約の第二部C八条ではこう規定されている。「一、連合の市民資格はこれによって確立される。加盟国の国籍を保持するすべての人間は連合の市民である」（著者のファイルに模写されたもの）。これらの問題のより包括的な議論は、Benhabib（2002a）の第6章において行なわれている。

(6) こうした文脈のもとでローマの市民資格に言及するならば、ローマの国家《キヴィタス》が地方エリートおよび軍隊に従事した人々へと拡大したことをめぐる、市民的共和主義からのいくつかの批判が思い起こされよう。ローマがより多くの民族と領土を征服するにつれて、ローマの市民資格はその世襲的な性格を失い、しだいに領土的なものとなった。帝国の台頭とともに、その公民権は自らの意義を失ったのである。マキアヴェッリから若きヘーゲル、そしてエドワード・ギボンにいたるまで、ローマの国家《キヴィタス》の拡大と共和制の没落はたがいに関連するものとみなされてきた。現代の歴史家マイケル・マンは、ローマがこうした拡張的な領土的市民資格の発明によってカルタゴのような統一体よりも優勢になったとも論じている。Mann (1986, 254) を参照されたい。

こうした文脈では、この共和国から帝国への移行および活動的な市民資格の衰退の場所《トポス》が、ヨーロッパ連合によってもたらされた変容について考察している現代の多くのヨーロッパの観察者たちの記憶のなかにある、ということを指摘しようとしているにすぎない。この問題について非常に有益な意見と示唆をいただいた、ウィレム・マースに感謝したい。

(7) 共通の言語、共通の公共圏、そして実効的な参加のチャンネルを共有しない個人間の市民資格の制度は、政治理論と法学において多くの論争を引き起こしている。一部では、ヨーロッパの市民資格は、主権的な国民の民主的な権力をブリュッセルに鎮座する匿名的な「欧州官僚」に譲り渡すことを隠蔽しようとする、隠れ蓑にすぎないとみられている。また別の見方では、連合において「民主主義の欠陥」が増大することも警告されている。いずれの場合も、参加なき市民資格が地平線に浮かび上がっていると論じられているのである。Preuss (1995); Balibar (1996); Lehning and Weale (1997) を参照されたい。こうした議論は、最近では Weiler (1999) によってもっとも強力に展開されている。

(8) 本章は、二〇〇四年の春に一〇の新しい加盟国がEUに承認されたころ完成された。これらの新しい加盟国の市民が既存の一五のEU加盟国の領土で居留し、就労するための移動の権利は、七年の期間にわたって制限されている。現在のところ、国家間の移動の権利の最終的な規制が、それらの経済的自足性、健康保険、福祉政策の基準に従って、どのようなものになるのかは明らかにされていない。

(9) Neuman (1993) を参照されたい。ダブリン協定と第二次シェンゲン協定は一九九〇年六月に署名された。この二つの協定には、非EU国からの庇護申請の手続きを行なうことに同意する「責任ある国家」を決めるための規則も含まれている。

(10) ハニア・ズロトニックは、「一九八九年から九三年と一九九四年から九八年のあいだに、ヨーロッパ諸国で申し立てられた申請の総数は三七パーセントまで低下した」と述べている(Zlotnik 2001, 236)。

(11) 一九九九年から二〇〇〇年において、ドイツの与党である社会民主党と緑の党の連合政権は、その移民関連法案を議会で通過させるにあたって、保守的なキリスト教民主同盟とキリスト教社会同盟の協力を確保するために、ドイツ憲法のかなり寛大でリベラルな庇護法において妥協を強いられていた。同じような妥協は、二〇〇四年の初頭に、イギリスのブレア政権によっても迫られていた。イギリス政府は、庇護申請者を新しい「地域的処理エリア」(RPA)と「通過処理センター」(TPC)に移送することを計画していた。前者は難民危機の地域に設置されることになっており、後者はEUの国境の外に隣接することが想定されている。テッサロニキのEUサミットの議長決定は通過処理センターの提案を議題としないことを決定したが、とくにイギリスとデンマーク政府によって支持されている地域処理エリアあるいは保護区の利点は、さらに検討されることになった。グレゴール・ノルが批評しているように、「それが一九五一年の難民条約の終焉をまさに意味するものであると述べることはけっして大げさなことではない。煎じ詰めていえば、イギリス、デンマーク、その他これらに追随する政府は、国際的な難民保護体制のなかに永続的な例外状況を意図的かつ将来的につくろうとしているのである」("Visions of Exceptional," June 27, 2003, www.open-Democracynet)。

(12) トルコ人と民族的クルド人(ほとんどの場合、彼らはトルコ市民である)は、ドイツだけでなく、西ヨーロッパ全体においても最大の外国人集団である。一九九三年、彼らは二七〇万人を数えた。そのうち二一〇万人はドイツに住んでおり、一九九九年には住民の二・八六パーセントを占めるにいたっている。第二に大きな外国人集団は旧ユーゴスラヴィア諸国の成員たちである。それは一八〇万人のクロアチア人、セルビア人、ボスニアのムスリム、そしてアルバニア人たちで、彼らの多くは正規もしくは一時的な難民の地位を取得している。フランスのような国では、こうした状況はかつての植民地の住民、たとえばアルジェリア人の存在によって複雑になっている。一九九〇年の調査によれば、フランスはその住民のなかに六一万四二〇〇人のアルジェリア生まれの個人と、五七万二二〇〇人のモロッコ人を抱えている。一九九六年には、第三国の外国人がフランスの住民の六・三パーセントを構成していた。一九九九年にこの比率は五・六パーセントに下がったが、二〇〇二年の統計によれば六・一パーセント前後を推移している。東中欧の共産主義体制の崩壊後、これらの国々からEUへの移住がつづいている。一九九八年には、総数で一〇万人ものポーランド人がEUに入ってきた。二〇〇四年のポーランドのEU加盟が承認されたことで、彼らの地位は変わることになった。そしてフィンランドでは、一九九八年の時点で約二万五〇〇〇人のロシア市民が居留していた。これらについては、SOPEMI Publications（1998）を参照されたい。

5　民主的反復——ローカルなもの、国家的なもの、グローバルなもの

（1）「地位の格差は、それがあまりにも深いところまで分断するものではなく、むしろ単一の文明のもとで統一された住民のなかで生じるものであるかぎり、民主的な市民資格の観点から正統性の証印を受け取ることができる」（Marshall 1950, 44; 47 も参照）。強調は引用者による。

（2）ロバート・カヴァーはこう述べている。「こうした事態から生じる結論は、単純かつ非常に混乱させるものである。そこには、権力としての法の社会的組織化と、意味としての法の組織化との二分法がある。この二分法はもっとも権威主義的な社会においてさえ民衆の地下文化のなかにみられるが、物語への統制を認めない自由主義社会においてとくに観察される。意味の統制されない性格は、権力に対して壊乱的な影響力を行使する。諸規則は『意味をもつ』必要があるが、その意味は形式的立法と呼ばれるものを特徴づけている起源に拘束されない、社会的活動によってつくられた素材から必然的に借用される。権威的な諸制度が規則の意味をつくろうと試みるときでさえ、それらはそうした観点から、特権化されないかたちで表明し、行為しているのである」（Cover 1983, 18）。

（3）この議論の一部は、Benhabib（2002a, 94–100）においてまえもって提起されたものである。ここでは、とくに結論となる部分を修正している。

（4）最初に用語上の分類について留意されたい。ムスリムの女性たちのヴェールを着用する習慣は、イスラーム諸国に

よって大きく異なる複雑な制度である。チャドル、ヒジャブ、ニカブ、そしてフラールは、異なるムスリム共同体出身の女性によって着用される独自の衣類である。たとえば、チャドルは基本的にイランのもので、長い黒色の衣服と顔の周囲を直角におおうヘッドスカーフをさしている。ニカブは目と口をおおい、鼻だけを見えるようにしたヴェールである。それはチャドルとの組み合わせで着用されることもある。トルコのほとんどのムスリム女性は、長い外套とフラール（ヘッドスカーフ）かカルサフ（チャドルにほとんど似た黒色の上着）を着用する傾向にある。これらの衣類は、ムスリム共同体それ自体のなかで象徴的な機能をもっている。異なる国の出身の女性たちは、衣服をつうじて自らの民族的および国家的な出自を伝え合い、それと同時に、そうすることで自らの伝統との隔たりあるいは近さを示している。彼女たちの外套やスカーフの色が、茶色、暗色、灰色、そしてもちろん黒色から、あざやかな青色、緑色、肌色、あるいは薄紫色へと明るくなればなるほど、そして衣服の裁ち方や素材が西洋の基準に従って流行のものになればなるほど、それらを着用する女性たちのイスラームの正統性との距離を推し量ることができるようになる。しかし、外部からみれば、こうした衣服コードの複雑な記号体系はひとつか二つの衣類に還元されており、それらがムスリム共同体と西洋文化との複雑な交渉における決定的なシンボルの機能を引き受けているのである。

（5） これらの事件をめぐるここでの議論は、主として二つの原典に依拠している。ひとつは Gaspard and Khosrokhavar (1995) で、もうひとつは私のファイルにあるもので、ハーヴァード大学政治学部の「国民、国家、市民」セミナーで提出された、マリアンヌ・ブリュン゠ロヴェの卓越した論文（Brun-Rovet 2000）である。

（6） 註記がないかぎり、本章での翻訳は引用者による。

（7） 二〇〇四年二月一〇日にフランス国民議会で可決された、公立学校でのスカーフその他の宗教的シンボルの着用を禁止するこの法律の厳しさは、穏健なイスラームの出現をよりいっそう困難にするであろう。しかし、多くのフランスの女性団体や教師の組織さえもがこの立法の分別を問題にしているので、民主的反復のプロセスはまだつづくであろう。また、人権団体およびムスリムの組織は、欧州裁判所のレヴェルで、この法律に異議を中し立てるであろう。“Derrière la voile” (2001) を参照されたい。

（8） この裁判所の命令にドイツの立法者たちはかなり迅速に対応した。バーデン゠ヴュルテンベルク州に引きつづき、バイエルン州もまた学校でのヘッドスカーフの着用を禁止した。キリスト教およびユダヤ教のシンボルは、この禁止令のなかには含まれていない。ドイツで生活しているムスリム（三二〇万人と推定される）を代表する市民権団体は、この提案された禁止令を批判している。

（9）この裁判所の論法の背後にある合理的根拠に関して、たびたび電子メールで非常に有益な意見交換をさせていただいた、オリヴァー・H・ゲルステンベルク法学博士に感謝したい。

（10）エムッケは、それ以前の教室での十字架の存在に関する判決においてドイツ憲法裁判所が違憲であると宣言したものは、公共空間あるいは公立学校での宗教的シンボルの存在ではなく、むしろ規則的に十字架を表示する義務であったことを指摘している。彼女はこう結論づけている。「この意味において、宗教的シンボルそれ自体に反対する憲法上の根拠はないのである」（Emcke 2000, 284）。

（11）同様の選挙法の改正はハンブルク自由都市州によっても試みられた。それは少なくとも八年間居留した外国人の地方議会（*Bezirkversammlungen*）選挙への参加を可能にすることを目的としたものであった。ハンブルクは連邦の州（*Land*）ではなく、それ自身の憲法をもった自由都市州なので、この決定の技術的な側面のいくつかはシュレスヴィヒ＝ホルシュタインのものに対応しているわけではない。ここでは後者の事例のみに焦点をあてることにした。とはいえ、シュレスヴィヒ＝ホルシュタインの選挙改革に反対した連邦政府が、それにもかかわらずハンブルクの改革を支持したことは註記しなければならない。BVerfG 83, 60, II, Nr. 4, pp. 60–81 を参照されたい。

（12）フランスのスカーフ事件は、世俗的で複数政党制の民主国家であるが、その住民の大半がムスリムであるトルコにおいても、非常によく似たかたちで引き継がれている。一九八〇年代と一九九〇年代の全体をつうじて、イスラーム主義政党が議会での権力を増大させ、先例のない数のイスラーム主義的なトルコ人女性たちが大学に通うようになるにつれて、トルコはそれ自身のスカーフ事件なるものに直面した。トルコの国家当局の立場からみれば、スカーフは共和国の創始者であるアタチュルクによって表明された「ライクリク」（非宗教性《ライシテ》）の原則の侵害とみなされている。トルコの憲法裁判所は、一九八九年に、大学でのスカーフおよびターバンの使用に反対する判決を下した。学生および彼らを代表するイスラーム主義団体は、宗教的表現の自由を保障するトルコ憲法第二四条、そして宗教的信条および言語、エスニシティ、ジェンダーの差異による差別を禁止する第一〇条に訴えたが、それらは却下された。より詳しい議論については、Benhabib（2002a, 203）を参照されたい。

結　論——コスモポリタン的連邦主義

（1）今日、「分割可能な主権性」、「主権性の分解」、「主権性の分離売却」という概念が、政治理論と法理論において広まっている。マイケル・リンドの議論によれば、「主権性の分離売却」は、そして国民が自らの主権性のいくつかの要素を、たとえば、自国の防衛や世界銀行と交渉する権利などを、さまざまな多国籍的で超国家的な審級へと委ねることは、それが合意によるもので取り消しうるものであるかぎり、国民主権の理念を破壊するものではない。しかし、国民が主権的であろうとするかぎり委ねることのできないものについては、いかなる制限も加えられていない。民主的な代表がまったく見捨てられてしまうまえに、立法権力は民主的に国民を代表するもの以外の審級に実際どれだけ委ねられうるのであろうか。Lind（2004, 11–14）を参照されたい。

（2）オットー・バウアー（一八八一～一九三八年）は、一九世紀の終わりにウィーンで発展した、オーストリア・マルクス主義学派の主要メンバーのひとりであった。ほかにはマックス・アードラー、ルドルフ・ヒルファディング、カール・レンナーがいる。バウアーは民族問題に関する研究でもっとも知られており、その研究は一九〇七年に『民族問題と社会民主主義』という書名で刊行された。

訳者あとがき

おそらくアフガニスタンの難民だろう。色鮮やかな民族衣装をまとったわが子を抱きかかえながら、憔悴した目でどこか遠くをみつめる母親のすがた。その幼子のまなざしもまた不安げに何かをみつめている。これは本書（原著）の表紙に使われている、セバスチアン・ボレッシュの「母と子」と題された写真の光景である。

自らのあずかり知らぬ理由から住まいを奪われ、自らの命を危険にさらしながら戦火をくぐり抜け、その先にあるやなしやの希望を託すしかない難民の苦境。だれもがこの「見捨てられた人々」に救いの手を差し伸べなければならないと感じるはずだ。しかし、それはたんなる憐れみといった自然の感情にとどまるものであってはならない。むしろ、本書によれば、それは彼／彼女らの権利――「他者の権利」――に応じようとする、われわれの人間としての義務でなければならない。その意味で、この「母と子」のまなざしは、まさに人類それ自身に向けられたものとみなされよう。

本書の著者、セイラ・ベンハビブもまた、そのような難民の境涯を「記憶」として受け継いでいる。

二〇〇四年三月、カリフォルニア大学バークレー校で行なわれた、ハリー・クライスラー司会の「歴史との対話」(globetrotter.berkley.edu/people4/Benhabib/)のなかで、彼女は自分の祖先が、一五世紀末にスペインを追放され、当時オスマン帝国の支配下にあったトルコへと移住した、セファルディと呼ばれる西方ユダヤ人であったことを語っている。カトリック教会の「異端審問」を逃れて、地中海の西端から東端へと移動しなければならなかった家族の歴史は、宗教であれ、民族であれ、人種であれ、「純粋性」というイデオロギーのもつ恐ろしさを彼女に気づかせたという。

その一方で、彼女が生まれ育った一九五〇年代のイスタンブールは、多文化的で、多民族的なコスモポリタン的雰囲気につつまれた都市でもあった。トルコ人だけでなく、ギリシャ人、アルメニア人といった、さまざまな出自の友人と出会い、ヨーロッパ育ちの母のいる家庭ではいくつもの言語でコミュニケーションをとる、そうした多国籍的な環境での生い立ちもまた、彼女の思想形成に大きな影響を与えていたのである。

しかし、そうしたベンハビブのコスモポリタン的な志向も、それ自体制度的に係留されたものではなかったので、つねに理想のレヴェルにとどまらざるをえなかった。たとえば、二〇世紀初頭のオスマン帝国によるアルメニア人大虐殺の記憶が、彼女を育てたイスタンブールの光にも居心地の悪い影を落としていたことは、想像にかたくない。一九七〇年、ベンハビブはアメリカにわたり、今日にいたる学問的な歩みを踏み出すが、その最初の研究テーマはヘーゲル哲学であった。理想的なものと現実的なもののはざまで、それらの調停を企てること。それは彼女自身の身の上に、いつもつきまとってきた課題でもあったのだろう。

とはいえ、彼女はヘーゲルのように、それらの最終的な「和解」を求めたわけではなかった。むしろ、それらの終わりのない「交渉」のプロセスに、より実際的に望ましい調停を見いだそうとしたのである。近年、ベンハビブがユルゲン・ハーバーマスの討議倫理学の構想を、フェミニズムあるいは多文化主義といった具体的な文脈のもとで論じているのも、そうした規範と制度の継続的な対話にこそ、理想的なものが同時に現実的なものとなりうる契機を見つけたからではなかっただろうか。そのかぎりにおいて、彼女はまさしくヘーゲリアンであるということもできよう。

さて、本書において、ベンハビブは「移住の政治」をめぐってつねに衝突し合う、普遍的人権の理想と国家主権の現実をたがいに「交渉」の場へと開こうとしている。彼女がまずイマヌエル・カントの「歓待への権利」、それからハンナ・アレントの「権利をもつ権利」という概念に注目したのは、それらがこうした「交渉」における特権的な主題となりうるとみなしたからであった。われわれはいくつかの基本的な権利を生まれながらに付与されている。しかし、そうした権利はわれわれが何らかの政体に帰属しないかぎり、けっして保証されることはない。ベンハビブがコスモポリタン的正義を論じるとき、それをグローバルな再配分の原則に限定するのではなく、それを成員資格への権利にも関連づけようとしたのは、そのような理由からであった。

そして、そのような実践が行なわれうるのは、リベラル・デモクラシー、つまり自由民主主義体制においてほかならない。それは一方で普遍的人権への公約を表明し、他方で国家の個別的な主権性を主張するというディレンマを内包した体制である。だが、そのことはリベラル・デモクラシーの限界とみなされるべきではない。むしろ、そうした逆説はこの体制が自らを普遍的なものと個別的なもの、理想的なものと現実的なものの「交渉」に開き、そのなかで自らの境界を問いなおす、いわば反省的《リフレクティヴ》＝再帰的な地点として編成されなければならないのである。

その意味において、近代民主主義の主体であるデモス（市民）は、つねに「われわれとはだれか」という問いに直面している。民主政治が何らかの境界づけられた領土のもとで行なわれるものであるかぎり、そこでは文化的に同質的とみなされたエトノス（民族）が往々にしてデモスと重なり合うこともあるだろう。だが、それはデモスが特定のエトノスにのみ還元されるということを意味するものではない。近代のデモスは「他者の権利」に無関心でいることはできない。なぜなら、それは普遍的人権への公約をつうじて、自らに属さない他者に対する義務も負っているからである。

もちろん、何かしらの内包／排除の実践なくしては、いかなる民主的アイデンティティも形成されないだろう。しかし、それが民主的であるというのは、そのような線引きの基準が、それによって排除される人々にとっても納得しうるものでなければならない、ということを含意している。これはベンハビブが本書で提示した、すぐれて討議倫理的な命題であるといえよう。すなわち、近代のデモスはつねに自らを普遍的な地平に差し戻し、そのなかでしか主張されない「他者の権利」に対応して自らを定義しなおし、そのかぎりで自らをふたたび囲い込む、そうした絶えざる「民主的反復」のプロセスをつうじて現われるものなのである。

今日、われわれはグローバル化の進展とともに、自らの主権的空間に多くの「他者」を抱え込むようになってきた。ベンハビブが本書で「他者の権利」を論じるとき、彼女が何よりも重視したのは彼／彼女らの政治的権利であった。彼女にとって「永遠によそ者であること」は、アレント的な意味での「権利をもつ権利」が否定される危険をつねにはらんでいる。そうであるならば、成員資格をめぐる政治は、人間にとってもっとも欠かしえない実践とみなされなければならないだろう。あらゆる境界を越えた世界市民というものは現実には存在しえないのである。

とはいえ、ベンハビブはそれをたんなる夢想として断念しているわけではない。むしろ、彼女はそのような理想を「市民資格の分解」にみいだそうとしている。これまで市民資格は主権国家によって一元的に管理されてきたが、しだいに国境横断的なレヴェルでも、あるいはローカルなレヴェルでも主張され、いくつかのケースでは保証されるようにもなってきた。このように多層的に重ねられた市民資格のあいだには矛盾も生まれるであろう。だが、われわれはそこにこそコスモポリタン的な理想の萌芽をみいだしたいと思う。なぜなら、ベンハビブが本書で論じようとした道徳的構想――「いかなる人間も非合法ではない」――は、そうした市民資格の制度的多元化をつうじて、ようやく実を結びつつあるからである。

このように、本書は移民、難民、庇護申請者たちの「他者の権利」をめぐる規範的な議論を展開したものであるが、ベンハビブはそこにヨーロッパ連合の市民権政策、フランスおよびドイツのスカーフ事件、そしてドイツの外国人地方参政権問題といった、いくつかの経験的な分析を織り交ぜることで、いわゆる哲学書にはないアクチュアルな問いをふんだんに提起している。本書が二〇〇五年にアメリカ政治学会のラルフ・バンチ賞を受賞したのも、そうした実践的な広がりを評価されてのことであろう。その意味で、政治哲学、国際関係論、あるいは社会学の研究者だけでなく、移民、難民問題に実際にかかわっている人々にも本書を読んでいただければ、訳者としてもそれにまさる喜びはない。

ちなみに、ベンハビブは本書の続編として『もうひとつのコスモポリタニズム——歓待、主権、民主的反復』(Robert Post ed., *Another Cosmopolitanism: Hospitality, Sovereignty and Democratic Iterations*, New York: Oxford University Press, 2006) を発表している。同書は二〇〇四年にバークレーで行なわれたタナー講義を収めたものであるが、ジェレミー・ウォルドロン、ボニー・ホニッグ、ウィル・キムリッカといった法哲学者、政治哲学者たちの批評も寄せられており、ベンハビブの思想をめぐる評価を知るうえでも格好のテクストとなっている。本書に関心をもたれた方は、こちらも参考にしていただきたい。

最後に、勉強不足の私に本書をいち早く紹介していただき、そのうえ翻訳の機会まで与えてくださったのは、法政大学出版局編集部の勝康裕さんである。また、私にとっては今回はじめての単訳作業であったが、まさに共訳者のようにサポートしてくださったことも、たいへん心強かった。勝さんのご尽力がなければ、本書の翻訳出版は果たせなかったであろう。この場を借りて、お礼申し上げたい。

向山　恭一

二〇〇六年一一月

Zolberg, Aristide R. and Benda, Peter M. 2001. *Global Migrants, Global Refugees: Problems and Solutions*. New York and Oxford, UK. Berghahn Books.

van Krieken, Peter, ed. 2000. *The Asylum Acquis Handbook: The Foundations for a Common European Asylum Policy*. The Hague. T. M. C. Asser Press.

Waldron, Jeremy. 2001. "Actions and Accommodations." カディッシュ講義。カリフォルニア大学バークレー校，2月23日。著者のファイルに保管。

Walzer, Michael. 1983. *Spheres of Justice: A Defense of Pluralism and Equality*. New York. Basic Books〔山口晃訳『正義の領分』而立書房，1999年〕.

———. 1984. "Liberalism and the Art of Separation." *Political Theory*. 12 (August): 315–330.

———. 1987. *Interpretation and Social Criticism*. Cambridge, MA. Harvard University Press〔大川正彦・川本隆史訳『解釈としての社会批判』風行社，1996年〕.

———. 2001. "In Response: Support for Modesty and the Nation-State." *Responsive Community*. 11, 2 (Spring): 28–31.

Weber, Max. [1922] 1958. *From Max Weber: Essays in Sociology*. Trans., ed., and with an introduction by H. H. Gerth and C. Wright Mills. Oxford, UK. Oxford University Press.

———. [1930] 1992. *The Protestant Ethic and the Spirit of Capitalism*. Trans. by Talcott Parsons. New York. Routledge〔大塚久雄訳『プロテスタンティズムと資本主義の精神』岩波文庫，1989年〕.

———. [1956] 1978. *Economy and Society: An Outline of Interpretive Sociology*. Ed. by Gunther Roth and Claus Wittich. [*Wirtschaft and Gesellschaft: Grundriss der verstehenden Soziologie*.] Berkeley. University of California Press〔世良晃志郎訳『支配の諸類型』創文社，1970年〕.

Weiler, Joseph. 1999. *The Constitution of Europe: Do the New Clothes Have an Emperor? And Other Essays on European Integration*. Cambridge, UK. Cambridge University Press.

Weiner, Tim. 2003. "A Nation at War. Immigrant Marines: Latinos Gave Their Lives to New Land." *New York Times*. April 4. B 10.

Wiebe, Robert H. 2002. *Who We Are: A History of Popular Nationalism*. Princeton, NJ, and Oxford. Princeton University Press.

Wischke, Mirko. 2002. "Die Politik der Menschenrechte im Zeitalter der Globalisierung: Zur aktuellen Diskussion in der Politischen Philosophie und Rechtsphilosophie." *Philosophische Rundschau*. 49: 224–244.

Wittgenstein, Ludwig. 1953. *Philosophical Investigations*. Trans. by G. E. M. Anscombe. Oxford, UK. Blackwell〔黒崎宏訳『哲学的探求』（二分冊）産業図書，1994–1995年〕.

Wolfe, Alan. 2001. "Alien Nation." *New Republic*. March 26.

Zlotnik, Hania. 2001. "Past Trends in International Migration and Their Implications for Future Prospects." In: *International Migration into the Twenty-First Century: Essays in Honor of Reginald Appleyard*. Edited by M. A. B. Siddique. Boston, MA. Edward Elgar: 227–262.

Zolberg, Aristide R. and Long Litt-Woon. 1999. "Why Islam Is Like Spanish: Cultural Incorporation in Europe and the United States." *Politics and Society*. 27 (1) (March): 5–38.

tion. *Trends in International Migration. Annual Report.* Paris. Organization for Economic Co-operation and Development.

Soysal, Yasemin. 1994. *Limits of Citizenship: Migrants and Postnational Membership in Europe*. Chicago. University of Chicago Press.

Streeck, Wolfgang, ed. 1998. *Internationale Wirtschaft, nationale Demokratie?* Frankfurt am Main. Campus Verlag.

Swarns, Rachel. 2003. "Aftereffects. Immigration: Allowing Those Who Fight for Their Country to Be a Part of It." *New York Times*. May 7, A 20.

Thaa, Winfried. 2001. " 'Lean Citizenship': The Fading Away of the Political in Transnational Democracy." *European Journal of International Relations*. 7(4): 503–525.

Tichenor, Daniel. 1998. "Membership and American Social Contracts: A Response to Hiroshi Motomura." In: Pickus 1998: 223–229.

Tillie, Jean and Slijper, Boris. Forthcoming. "Immigrant Political Integration and Ethnic Civic Communities in Amsterdam." In: *Identities, Allegiances and Affiliations*. Ed. by Seyla Benhabib and Ian Shapiro. Cambridge, UK. Cambridge University Press.

Tilly, Charles. 1990. *Coercion, Capital and European States, AD 990–1990*. Cambridge, UK. Blackwell.

———. 1992. "Future European States." *Social Research*. 59: 705–717.

Tuck, Richard. 1979. *Natural Rights Theories*. Cambridge, UK. Cambridge University Press.

Tully, James. 1993. *Approach to Political Philosophy: Locke in Contexts*. Cambridge, UK. Cambridge University Press.

United Nations. 1945. *Charter of International Military Tribunal, in Agreement for the Prosecution and Punishment of the Major War Criminals of the European Axis*. 59 STAT. 1544, 82 UNTS 279〔ヨーロッパ枢軸国の主要戦争犯罪人の訴追と処罰に関する協定における国際軍事裁判所規定〕.

———. 1948. *International Bill of Human Rights* (also *Universal Declaration of Human Rights*). UN Doc.A/Res/217(iii)〔国際人権憲章（世界人権宣言を含む）〕.

———. 1949. *Geneva Convention for the Amelioration of the Condition of the Wounded and Sick in Armed Forces in the Field*. 6 UST 3114, 75 UNTS 31〔戦地における軍隊の傷者および病者の状態の改善に関するジュネーヴ条約〕.

———. 1951. *Convention Relating to the Status of Refugees*. UN Doc.A/Res/429〔難民の地位に関する条約〕.

———. 1993. *Statute of the International Criminal Tribunal for the Former Yugoslavia*. UN Doc.S/RES/827〔旧ユーゴスラヴィア国際刑事裁判所規定〕.

———. 1994. *Statute of the International Criminal Tribunal for Rwanda*. UN Doc.S/RES/955〔ルワンダ国際刑事裁判所規定〕.

———. 1998. *Rome Statute of the International Criminal Court*. 1998. UN Doc.A/CONF.183/9〔国際刑事裁判所に関するローマ規定〕.

United Nations, Department of Economic and Social Affairs. 2002. *International Migration Report*. ST/ESA/SER.A/220.

———. 1993. *Political Liberalism*. New York. Columbia University Press.

———. 1999. *The Law of Peoples*. Cambridge, MA. Harvard University Press〔中山竜一訳『万民の法』岩波書店，2006年〕.

Rieff, David. 2003. "Displaced Places." *New York Times Sunday Magazine*. September 21. Section 6: 36–41.

Rosenau, James. 1997. *Along the Domestic-Foreign Frontier. Exploring Governance in a Turbulent World*. Cambridge, UK. Cambridge University Press.

Sandel, Michael. 1996. *Democracy's Discontent: America in Search of a Public Philosophy*. Cambridge, MA. Belknap Press at Harvard University.

Schabas, William A. 2001. *An Introduction to the International Criminal Court*. Cambridge, UK. Cambridge University Press.

Schama, Simon. 1987. *The Embarrassment of Riches: An Interpretation of Dutch Culture in the Golden Age*. New York. Alfred A. Knopf.

Schmitt, Carl.［1923］1985. *The Crisis of Parliamentary Democracy*. Trans. by Ellen Kennedy. Cambridge, MA. MIT Press〔稲葉素之訳『現代議会主義の精神史的地位』みすず書房，2000年〕.

———.［1927］1996. *The Concept of the Political*. Trans., intro., and notes by George Schwab. Chicago. University of Chicago Press〔田中浩・原田武雄訳『政治的なものの概念』未來社，1970年〕.

Schuck, Peter. 1998. *Citizens, Strangers, and In-Betweens: Essays on Immigration and Citizenship*. Boulder, CO. Westview Press.

Sciolino, Elaine. 2003a. "French Islam Wins Officially Recognized Voice." *New York Times*. April 14. A 4.

———. 2003b. "Paris Journal. Back to Barricades: Liberty, Equality, Sisterhood." *New York Times*. August 1. A 4.

Scott, Joan. 1988. *Gender and the Politics of History*. New York. Columbia University Press〔荻野美穂訳『ジェンダーと歴史学』平凡社ライブラリー，2004年〕.

Sen, Amartya. 1981. *Poverty and Famine: An Essay on Entitlement and Deprivation*. New York. Oxford University Press〔黒崎卓・山崎幸治訳『貧困と飢饉』岩波書店，2000年〕.

———. 1984. *Resources, Values and Development*. Cambridge, MA. Harvard University Press.

———. 1999. *Development as Freedom*. Oxford, UK. Oxford University Press〔石塚雅彦訳『自由と経済開発』日本経済新聞社，2000年〕

Shapiro, Ian. 1999. *Democratic Justice*. New Haven, CT. Yale University Press.

Sheffler, Samuel. 2001. *Boundaries and Allegiances: Problems of Justice and Responsibility in Liberal Thought*. Oxford, UK. Oxford University Press.

Sidgwick, Henry.［1874］1962. *The Methods of Ethics*. Chicago and Toronto. University of Chicago Press.

Smith, Rogers. 2003. *Stories of Peoplehood*. Cambridge, UK. Cambridge University Press.

SOPEMI Publications. 1998 and 2000. The OECD Continuous Reporting System for Migra-

Cambridge, UK. Cambridge University Press.
———. 2000. *Bounds of Justice*. Cambridge, UK. Cambridge University Press.
Ong, Aihwa. 1999. *Flexible Citizenship: The Cultural Logic of Transnationality*. Durham, NC. Duke University Press.
Ortner, Sherry B. 1974. "Is Female to Male as Nature Is to Culture?" In: *Women, Culture, and Society*. Ed. by M. Z. Rosaldo and L. Lamphere. Stanford, CA. Stanford University Press: 67–89.
Palmer, Stephanie. 2002. "Feminism and the Promise of Human Rights: Possibilities and Paradoxes." In: *Visible Women: Essays on Feminist Legal Theory and Political Philosophy*. Ed. by Susan James and Stephanie Palmer. Oxford, UK. Hart Publishing: 91–117.
Parekh, Bhikhu. 2000. *Rethinking Multiculturalism: Cultural Diversity and Political Theory*. Cambridge, MA. Harvard University Press.
Pensky, Max. 2002. "Constitutional Exclusion? EU Constitution, Human Rights, and the Problem of Scope." ヨハン・ヴォルフガンク・ゲーテ大学（Frankfurt am Main）での６月11日から13日のヨーロッパ立憲主義会議にて発表された論文。著者のファイルに保管。
Perea, Juan F. 1998. " 'Am I an American or Not?' Reflections on Citizenship, Americanization and Race." In: Pickus 1998: 49–77.
Pickus, Noah M. J., ed. 1998. *Immigration and Citizenship in the Twenty-First Century*. New York and Oxford, UK. Rowman and Littlefield.
Pogge, Thomas. 1989. *Realizing Rawls*. Ithaca, NY. Cornell University Press.
———. 1992. "Cosmopolitanism and Sovereignty." *Ethics*. 103（October）: 48–75.
———, ed. 2001. *Global Justice*. Oxford and Cambridge, MA. Blackwell Publishers.
———. 2002. "Moral Universalism and Global Economic Justice." *Politics, Philosophy and Economics*. 1: 29–58.
Post, Robert. 2000. "Between Philosophy and Law: Sovereignty and the Design of Democratic Institutions." In: *Designing Democratic Institutions*. Ed. by Ian Shapiro and Stephen Macedo. New York and London. New York University Press: 209–223.
Preuss, Ulrich. 1995. "Problems of a Concept of European Citizenship." *European Law Journal*. 1(3): 267–281.
Putnam, Robert. 2001. *Bowling Alone: The Collapse and Revival of American Community*. New York. Simon and Schuster〔柴内康文訳『孤独なボウリング――米国コミュニティの崩壊と再生』柏書房，2006年〕.
———. 2003. *Better Together: Restoring the American Community*. New York. Simon and Schuster.
Ratner, Steven R. and Abrams, Jason S.［1997］2002. *Accountability for Human Rights Atrocities in International Law: Beyond the Nuremberg Legacy*. Oxford, UK. Oxford University Press.
Rawls, John［1971］1972. *A Theory of Justice*. Cambridge, MA. Harvard University Press〔矢島鈞次監訳『正義論』紀伊國屋書店，1979年〕.

級』法律文化社，1993年〕.
Martens, Thomas. 1996. "Cosmopolitanism and Citizenship: Kant Against Habermas." *European Journal of Philosophy*. 4(3): 328–347.
Marx, Karl. [1857–1858] 1973. *Grundrisse: Foundations of the Critique of Political Economy*. Harmondsworth, UK. Penguin Books.
Meuschel, Sigrid. 1981. *Kapitalismus oder Sklaverei: Die Langwierige Durchsetzung der Bürgerlichen Gesellschaft in den USA*. Frankfurt am Main. Europäische Verlagsanstalt.
Michelman, Frank. 1988. "Law's Republic." *Yale Law Journal*. 97(8) (July): 1493–1537.
———. 1996. "Parsing 'A Right to Have Rights'." *Constellations*. 3(2) (October): 200–209.
Montesquieu, Baron de. [1748] 1965. *The Spirit of the Laws*. Trans. by Thomas Nugent. Intro. by Franz Neuman. 2 vols. in 1. New York. Hafner〔野田良之ほか訳『法の精神』(三分冊)，岩波文庫，1986年〕.
Motomura, Hiroshi. 1998. "Alienage Classification in a Nation of Immigrants: Three Models of 'Permanent Residence'." In: Pickus 1998: 199–223.
Münz, Rainer. 2001. "Ethnos or Demos? Migration and Citizenship in Germany." ハーヴァード大学ヨーロッパ研究センター (Cambridge, MA) にて行なわれた講義。著者のファイルに保管。
Muthu, Sankar. 1999. "Enlightenment and Anti-Imperialism." *Social Research*. 66(4) (Winter): 959–1007.
———. 2000. "Justice and Foreigners: Kant's Cosmopolitan Right." *Constellations*. 7(1) (March): 23–45.
———. 2003. *Enlightenment against Empire*. Princeton, NJ. Princeton University Press.
Nagel, Thomas. 1991. *Equality and Partiality*. New York. Oxford University Press.
Neuman, Gerald L. 1993. "Buffer Zones Against Refugees: Dublin, Schengen, and the Germany Asylum Amendment." *Virginia Journal of International Law*. 3: 503–526.
———. 1996. *Strangers to the Constitution: Immigrants, Borders, and Fundamental Law*. Princeton, NJ. Princeton University Press.
———. 2003. "Human Rights and Constitutional Rights: Harmony and Dissonance." *Stanford Law Review*. 55(5) (May): 1863–1901.
Nussbaum, Martha. 1990. "Aristotelian Social Democracy." In: *Liberalism and the Good*. Ed. by R. B. Douglass, G. Mara, and H. Richardson. New York. Routledge: 203–252.
———. 1996. "Patriotism and Cosmopolitanism." In: *For Love of Country: Debating the Limits of Patriotism*. Ed. by Joshua Cohen. Boston, MA. Beacon Press: 3–17〔辰巳伸知・能川元一訳『国を愛するということ』人文書院，2000年，所収〕.
———. 1997. "Kant and Cosmopolitanism." In: Bohman and Lutz-Bachmann 1997: 25–59.
Offe, Claus. 1998. "Demokratie and Wohlfahrtstaat." In: Streeck 1998: 99–137.
Okin, Susan Moller. 1999. "Is Multiculturalism Bad for Women?" In: Okin, et al. 1999: 7–25.
Okin, Susan Moller, Cohen, Joshua, Howard, Matthew and Nussbaum, Martha. 1999. *Is Multiculturalism Bad for Women?* Princeton, NJ. Princeton University Press.
O'Neill, Onora. 1996. *Towards Justice and Virtue: A Constructive Account of Practical Reasoning*.

———. 1949. *Critique of Practical Reason and Other Writings in Moral Philosophy*. Trans. and ed. by Lewis White Beck. Chicago. University of Chicago Press〔坂部恵・平田俊博・伊古田理訳『カント全集 7　実践理性批判・人倫の形而上学の基礎付け』岩波書店，2000年〕.

Kastoryano, Riva. 2002. *Negotiating Identities*. Princeton, NJ. Princeton University Press.

Kerber, Linda. 1997. *Women of the Republic: Intellect and Ideology in Revolutionary America*. Chapel Hill, NC. University of North Carolina Press.

Kleingeld, Pauline. 1998. "Kant's Cosmopolitan Law: World Citizenship for a Global Legal Order." *Kantian Review*. 2: 72–90.

Krasner, Stephen. 1999. *Sovereignty: Organized Hypocrisy*. Princeton, NJ. Princeton University Press.

Kuper, Andrew. 2000. "Rawlsian Global Justice: Beyond *The Law of Peoples* to a Cosmopolitan Law of Persons." *Political Theory*. 28: 640–674.

Landes, David. 1998. *The Wealth and Poverty of Nations: Why Some Are So Rich and Some Are So Poor*. New York. W. W. Norton〔竹中平蔵訳『「強国」論』三笠書房，2000年〕.

Landes, Joan. 1988. *Women and the Public Sphere in the Age of the French Revolution*. Ithaca, NY. Cornell University Press.

Lehning, Percy B. and Weale, Albert, eds. 1997. *Citizenship, Democracy and Justice in the New Europe*. London. Routledge.

Lévi-Strauss, Claude. 1969. *Elementary Structures of Kinship*. Boston. Beacon Press〔福井和美訳『親族の基本構造』青弓社，2000年〕.

Lind, Michael. 2004, "Popular Sovereignty, Divisible Sovereignty and the Future of World Order." イェール法科大学院での 5 月 6 日の法理論ワークショップにて発表された論文。著者のファイルに保管。

Linklater, Andrew. 1998. *The Transformation of Political Community: Ethical Foundations of the Post-Westphalian Era*. Cambridge, UK. Polity Press.

Locke, John.［1690］1980. *The Second Treatise of Civil Government*. Ed. and with an introduction by C. B. McPherson. Indianapolis and Cambridge, MA. Hackett Publishing〔鵜飼信成訳『市民政府論』岩波文庫，1968年〕.

Macedo, Steve. 1999. *Deliberative Politics: Essays on Democracy and Disagreement*. Oxford, UK. Oxford University Press.

———. 2004. "What Self-Governing Peoples Owe to One Another: Universalism, Diversity, and *The Law of Peoples*." Symposium on Rawls and the Law. *Fordham Law Review*. 72(5)(April): 1721–1738.

Mann, Michael. 1986. *The Sources of Social Power*, 2 Vols. Cambridge, UK. Cambridge University Press〔森本醇・君塚直隆訳『ソーシャルパワー――社会的な〈力〉の世界歴史』I・II（二分冊），NTT 出版，2002–2005年〕.

Marshall, T. H. 1950. *Citizenship and Social Class and Other Essays*. Cambridge, UK. Cambridge University Press〔岩崎信彦・中村健吾訳『シティズンシップと社会的階

———. 1990. *Nations and Nationalism Since 1780: Programme, Myth, Reality*. Cambridge, UK, and New York. Cambridge University Press〔浜林正夫・嶋田耕也・庄司信訳『ナショナリズムの歴史と現在』大月書店，2001年〕.

———. 1996. "The Future of the State." *Development and Change*. 27(2)(April): 267–278.

Hollifield, James F. 1992. *Immigrants, Markets, and States: The Political Economy of Postwar Europe*. Cambridge, MA, and London. Harvard University Press.

Honig, Bonnie. 1999. "My Culture Made Me Do It." In: Okin, et al. 1999: 35–40.

———. 2001. *Democracy and the Foreigner*. Princeton, NJ. Princeton University Press.

Hont, Istvan. 1995. "The Permanent Crisis of a Divided Mankind: 'Contemporary Crisis of the Nation-State' in Historical Perspective." In: *Contemporary Crisis of the Nation-State?* Ed. by John Dunn. Oxford, UK. Blackwell: 166–231.

Jacobson, David. 1997. *Rights Across Borders: Immigration and the Decline of Citizenship*. Baltimore and London. Johns Hopkins University Press.

Jefferson, Thomas. [1774] 1984. "Summary View of the Rights of British America." In: *Jefferson: Writings*. Ed. by Merrill D. Peterson. New York. Literary Classics of the United States: 105–122〔松本重治・高木誠訳「イギリス領アメリカの諸権利についての意見の要約」，松本重治責任編集『世界の名著40　フランクリン，ジェファソン，マディソン，トクヴィル他』中公バックス，1980年，所収〕.

Jones-Correa, Michael. 1998. "Why Immigrants Want Dual Citizenship (And We Should Too): A Response to Peter Schuck." In: Pickus 1998: 193–199.

Kakar, Sudhir. 1990. *Intimate Relations: Exploring Indian Sexuality*. Chicago. University of Chicago Press.

Kant, Immanuel. [1795] 1923. "Zum Ewigen Frieden: Ein philosophischer Entwurf." In: *Immanuel Kants Werke*. Ed. by A. Buchenau, E. Cassirer, and B. Kellermann. Berlin. Verlag Bruno Cassirer: 425–474〔遠山義孝訳「永遠平和のために」，『カント全集14　歴史哲学論集』岩波書店，2000年，所収〕.

———. [1795] 1957. "Perpetual Peace." Trans. by Lewis White Beck. In: *On History*. Ed. by Lewis White Beck. Indianapolis and New York. Library of Liberal Arts: 85–137.

———. [1795] 1994. "Perpetual Peace: A Philosophical Sketch." Trans. by H. B. Nisbet. In: *Kant: Political Writings*. Ed. by Hans Reiss. Second and enlarged edn. Cambridge, UK: 93–130.

———. [1797] 1922. "Die Metaphysik der Sitten in zwei Teilen." In: *Immanuel Kants Werke*. Ed. by A. Buchenau, E. Cassirer, and B. Kellermann. Berlin. Verlag Bruno Cassirer: 5–309〔樽井正義・池尾恭一訳『カント全集11　人倫の形而上学』岩波書店，2002年〕.

Kant, Immanuel. [1797] 1994. "Introduction to the Theory of Right" and "The Theory of Right, Part II: Public Right" from "The Metaphysics of Morals." In: *Kant: Political Writings*. Ed. by Hans Reiss. Cambridge, UK. Cambridge University Press: 131–176.

———. [1797] 1996. *The Metaphysics of Morals*. Trans. and ed. by Mary Gregor. Cambridge, UK. Cambridge University Press.

Genovese-Fox, Elizabeth and Genovese, Eugene D. 1983. *Fruits of Merchant Capital: Slavery and Bourgeois Property in the Rise and Expansion of Capitalism*. New York. Oxford University Press.

Giraud, Veronique and Sintomer, Yves. 2004. *Alma et Lila Levy: Des Filles Comme les Autres*. Paris. La Découverte.

Göle, Nilüfer. 1996. *The Forbidden Modern: Civilization and Veiling*. Ann Arbor. University of Michigan Press.

Guéhenno, Jean-Marie. 1995. *The End of the Nation-State*. Trans. by Victoria Elliott. Minneapolis. University of Minnesota Press〔舛添要一『民主主義の終わり』講談社，1994年〕.

Guild, Elspeth. 1996. "The Legal Framework of Citizenship of the European Union." In: Cesarani and Fulbrook 1996: 30–57.

Habermas, Jürgen.［1983］1990. *Moral Consciousness and Communicative Action*. Trans. by Christian Lenhardt and Shierry Weber Nicholsen. Cambridge, MA. MIT Press〔三島憲一・中野敏男・木前利秋訳『道徳意識とコミュニケーション行為』岩波書店，2000年〕.

———. 1996. *Between Facts and Norms: Contributions to a Discourse Theory of Law and Democracy*. Trans. by William Rehg. Cambridge, MA. MIT Press〔河上倫逸・耳野健二訳『事実性と妥当性』（二分冊），未來社，2002–2003年〕.

———. 1998. "The European Nation-State: On the Past and Future of Sovereignty and Citizenship." In: *The Inclusion of the Other: Studies in Political Theory*. Ed. by Ciaran Cronin and Pablo De Greiff. Cambridge, MA. MIT Press: 105–129〔高野昌行訳『他者の受容』法政大学出版局，2004年，所収〕.

Hathaway, James. 1991. *The Law of Refugee Status*. Toronto and Vancouver. Butterworths.

———. 1997. *Reconceiving International Refugee Law*. Nijhoff Law Specials, vol. 30. The Hague, Boston and London. Martinus Nijhoff Publishers.

Hegel, G. W. F.［1821］1973. *Hegel's Philosophy of Right*. Trans. and with notes by T. M. Knox. Oxford, UK. Oxford University Press〔藤野渉・赤沢正敏訳『法の哲学』（二分冊），中央公論新社，2001年〕.

Held, David. 2002. "Law of States, Law of Peoples." *Legal Theory*. 8: 1–44.

Held, David, McGrew, Anthony, Goldblatt, David, and Perraton, Jonathan. 1999. *Global Transformations*. Stanford, CA. Stanford University Press〔古城利明ほか訳『グローバル・トランスフォーメーションズ――政治・経済・文化』中央大学出版部，2006年〕.

Hobbes, Thomas.［1651］1996. *Leviathan*. Cambridge, UK. Cambridge University Press〔水田洋訳『リヴァイアサン』（四分冊），岩波文庫，1982–1992年〕.

Hobsbawm, Eric. 1975. *The Age of Capital 1848–1875*. New York. Scribner〔柳父圀近・荒関めぐみ・長野聡訳『資本の時代』（二分冊），みすず書房，1981–1982年〕.

———. 1987. *The Age of Empire 1875–1914*. New York. Pantheon Books〔野口建彦・野口照子・長尾史郎訳『帝国の時代』（二分冊），みすず書房，1993–1998年〕.

文で読み直す会訳『決定版　第二の性』Ⅰ・Ⅱ（二分冊），新潮文庫，2001年〕.

de Jong, Cornelius. 2000. "Harmonization of Asylum and Immigration Policies: The Long and Winding Road from Amsterdam via Vienna to Tampere." In: *The Asylum Acquis Handbook*. Ed. by Peter J. van Krieken. The Hague. T. M. C. Asser Press: 21–37.

Derrida, Jacques. [1982] 1991. "Signature, Event, Context." In: *A Derrida Reader: Between the Blinds*. Ed. and intro. by Peggy Kamuf. New York. Columbia University Press: 80–111〔高橋哲哉・増田一夫・宮崎裕助訳『有限責任会社』法政大学出版局，2003年，所収〕.

"Derrière la voile." 2004. *Le Monde Diplomatique*. 599(51)(February): 6–10〔邦訳の一部は，『ル・モンド・ディプロマティーク』の日本語・電子版サイト（http://www.diplo.jp/）で読める〕.

Doyle, Michael. 2001. "The New Interventionism." In: *Global Justice*. Ed. by Thomas W. Pogge. Oxford, UK, and Cambridge, MA. Basil Blackwell: 219–242.

Drèze, Jean and Sen, Amartya. 1989. *Hunger and Public Action*. New York. Oxford University Press.

Dworkin, Ronald. 2002. "The Threat to Patriotism." *New York Times Review of Books*. February 28.

Emcke, Carolin. 2000. *Kollektive Identitäten: Sozialphilosophische Grundlagen*. Frankfurt am Main and New York. Campus Verlag.

Fink, Carole. 1972. "Defender of Minorities: Germany in the League of Nations, 1926–1933." *Central European History*. 5(4): 330–357.

Fiss, Owen. 1998. "The Immigrant as Pariah." *Boston Review*. 23(5)(October/November): 4–6.

———. 1999. *A Community of Equals: The Constitutional Protection of New Americans*. Ed. by Joshua Cohen and Joel Rogers. Boston. Beacon Press: 3–25.

Flikschuh, Katrin. 2000. *Kant and Modern Political Philosophy*. Cambridge, UK. Cambridge University Press.

Forst, Rainer. 1999. "The Basic Right to Justification: Toward a Constructivist Conception of Human Rights." *Constellations*. 6: 35–60.

Foucault, Michel. 1977. *Discipline and Punish: The Birth of the Prison*. Trans. by Alan Sheridan. New York. Pantheon Books〔田村俶訳『監獄の誕生』新潮社，1977年〕.

Friedrichs, Jörg. 2001. "The Meaning of New Medievalism." *European Journal of International Relations*. 7(4)(December): 475–503.

Galston, William. 1991. *Liberal Purposes: Goods, Virtues, and Duties in the Liberal State*. Cambridge, UK. Cambridge University Press.

Gaspard, Françoise and Khosrokhavar, Farhad. 1995. *Le Foulard et la République*. Paris. La Découverte.

Genovese, Eugene. [1965] 1990. *The Political Economy of Slavery: Studies in the Economy and Society of the Slave South*. New York. Pantheon Books.

Signs: Journal of Women in Culture and Society. 24(2): 335–361〔長妻由里子訳「性差と集団的アイデンティティ――グローバルな新たな配置」『思想』第913号，2000年7月，59–90頁，所収〕.
———. 2001a. "Dismantling the Leviathan: Citizen and State in a Global World." *Responsive Community*. 11(3): 14–27.
———. 2001b. "Ungrounded Fears. American Intellectuals and the Spectre of European Harmonization: A Response to Michael Walzer and Noah M. Pickus." *Responsive Community*. 11(4): 85–91.
———. 2002a. *The Claims of Culture: Equality and Diversity in the Global Era*. Princeton, NJ. Princeton University Press.
———. 2002b. "Transformations of Citizenship: The Case of Contemporary Europe." *Government and Opposition*. 37(4)(Fall): 439–465.
———. 2003. "In Search of Europe's Borders. The Politics of Migration in the European Union." *Dissent*. Fall: 33–39.
———. 2004. "The *Law of Peoples*, Distributive Justice and Migrations." In: *Fordham Law Review*. Symposium on Rawls and the Law. *Fordham Law Review*. 72(5)(April): 1761–1788.
Bentham, Jeremy. 1843. *The Works of Jeremy Bentham*. Ed. by John Bowring, 11 vols. Edinburgh and London. W. Tait. Vol. II.
Bohman, James and Lutz-Bachmann, Matthias, eds. 1997. *Perpetual Peace: Essays on Kant's Cosmopolitan Ideal*. Cambridge, MA. MIT Press.
Brubaker, Rogers. 1992. *Citizenship and Nationhood in France and Germany*. Cambridge, MA. Harvard University Press.
Brun-Rovet, Marianne. 2000. "A Perspective on the Multiculturalism Debate: *L'affaire du foulard and laïcitè* in France, 1989–1999." セミナー論文。ハーヴァード大学政治学部。著者のファイルに保管。
Buchanan, Allan. 2000. "Rawls's Law of Peoples: Rules for a Vanished Westphalian World." *Ethics*. 110(July): 697–721.
———. 2001. "From Nuremberg to Kosovo: The Morality of Illegal International Reform." *Ethics*. 111(July): 673–705.
Carens, Joe. 1995. "Aliens and Citizens: The Case for Open Borders." In: *Theorizing Citizenship*. Ed. by Ronald Beiner. Albany, NY. SUNY Press: 229–255.
Cesarani, David and Fulbrook, Mary. 1996. *Citizenship, Nationality and Migration in Europe*. London and New York. Routledge.
Cole, Philip. 2000. *Philosophies of Exclusion: Liberal Political Theory and Immigration*. Edinburgh. Edinburgh University Press.
Coleman, Doriane Lambelet. 1996. "Individualizing Justice Through Multiculturalism: The Liberals' Dilemma." *Columbia Law Review*. 96(5)(June): 1093–1167.
Cover, Robert M. 1983. "*Nomos* and Narrative." *Harvard Law Review*. 97(1): 4–68.
De Beauvoir, Simone. 1949. *Le Deuxième Sexe*. Paris. Editions Gallimard〔『第二の性』を原

ド対マックワールド』三田出版会，1999年〕.

Bauboeck, Rainer. 1994. *Transnational Citizenship: Membership and Rights in International Migration*. Aldershot, UK. Edward Elgar.

———. 1998. "The Crossing and Blurring of Boundaries in International Migration: Challenges for Social and Political Theory." In: *Blurred Boundaries: Migration, Ethnicity, Citizenship*. Ed. by Rainer Bauboeck and John Rundell. Vienna. Ashgate Publications: 17–52.

Beitz, Charles. [1979] 1999. *Political Theory and International Relations*. Revised edn. Princeton, NJ. Princeton University Press〔進藤榮一訳『国際秩序と正義』岩波書店，1989年〕.

———. 2000. "Rawls's Law of Peoples." *Ethics*. 110(4)(July): 669–696.

Benhabib, Seyla. 1984. "Obligation, Contract and Exchange, The Opening Arguments of Hegel's Philosophy of Right." In: *Civil Society and the State. Hegel's Political Philosophy*. Ed. by Z. A. Pelczynski. Cambridge, UK. Cambridge University Press: 159–177.

———. 1992. *Situating the Self. Gender, Community and Postmodernism in Contemporary Ethics*. New York and London. Routledge and Polity〔Chapter 3. Models of Public Space: Hannah Arendt, the Liberal Tradition, and Jugen Habermasの邦訳は，C. キャルホーン編／山本啓・新田滋訳『ハーバマスと公共圏』未來社，1999年，所収；Chapter 5. The Generalized and the Concrete Otherの邦訳は，M. ジェイ編／石川真澄監訳『ハーバーマスとアメリカ・フランクフルト学派』青木書店，1997年，所収〕.

———. 1995. "Cultural Complexity, Moral Interdependence, and the Global Dialogical Community." In: *Women, Culture and Development: A Study of Human Capabilities*. Ed. by Martha Nussbaum and Jonathan Glover. Oxford, UK. Clarendon Press: 235–259.

———. [1996] 2003. *The Reluctant Modernism of Hannah Arendt*. Thousand Oaks, CA. Sage Publications. New edition by Rowman and Littlefield〔Chapter 1. The Pariah and Her Shadow: Hannah Arendt's Biography of Rahel Varnhagenの邦訳は，大島かおり訳「パーリアとその影――ハンナ・アーレントのラーエル・ファルンハーゲン伝記」上下『みすず』42巻1号，2000年1月；同2号，2000年2月，所収〕.

———. 1999a. "Germany Opens Up." *The Nation*. June 21: 6.

———. 1999b. *Kulturelle Vielfalt and demokratische Gleichheit: Die Horkheimer Vorlesungen*. Frankfurt am Main. Fischer.

———. 1999c. "The Liberal Imagination and the Four Dogmas of Multiculturalism." *Yale Journal of Criticism*. 12(2): 401–413.

———. 1999d. " 'Nous' et 'les Autres': The Politics of Complex Cultural Dialogue in a Global Civilization." In: *Multicultural Questions*. Ed. by Christian Joppke and Steven Lukes. Oxford, UK. Oxford University Press: 44–62.

———. 1999e. "Sexual Difference and Collective Identities: The New Global Constellation."

文献一覧

Al-Hibri, Azizah Y. 1999. "Is Western Patriarchal Feminism Good for Third World/Minority Women?" In: Okin, et al. 1999: 41–46.

Aleinikoff, Alexander T. 2002. *Semblances of Sovereignty: The Constitution, the State, and American Citizenship*. Cambridge, MA. Harvard University Press.

Arendt, Hannah. [1945] 1978. "Zionism Reconsidered." In: *The Jew as Pariah: Jewish Identity and Politics in the Modern Age*. Ed. by Ron H. Feldman. New York. Grove Press: 131–192〔寺島俊穂・藤原隆裕宜訳『パーリアとしてのユダヤ人』未來社，1989年，所収〕.

———. [1951] 1968. *The Origins of Totalitarianism*. New York. Harcourt, Brace and Jovanovich〔大久保和郎・大島通義・大島かおり訳『全体主義の起源』三分冊，みすず書房，1972–1974年〕.

———. 1961. "Crisis in Culture." In: *Between Past and Future: Six Exercises in Political Thought*. New York. Meridian Books〔引田隆也・齋藤純一訳『過去と未来の間』みすず書房，1994年，所収〕.

———. 1994. "Nightmare and Flight." In: *Hannah Arendt: Essays in Understanding, 1930–1954*. Ed. by Jerome Kohn. New York. Harcourt, Brace and Jovanovich: 133–136〔齋藤純一・山田正行・矢野久美子訳『アーレント政治思想集成 1』みすず書房，2002年，所収〕.

Aristotle. 1941. *Politics*. Trans. by Benjamin Jowett. In: *Basic Works of Aristotle*. Ed. by Richard McKeon. New York. Random House: 1127–1325〔山本光雄訳『政治学』岩波文庫，2000年〕.

Bader, Veit. 1995. "Citizenship and Exclusion. Radical Democracy, Community and Justice: Or, What Is Wrong with Communitarianism?" *Political Theory*. 23(2): 211–246.

———. 1997. "Fairly Open Borders." In: *Citizenship and Exclusion*. Ed. by V. M. Bader. London. Macmillan: 28–62.

———. Forthcoming. "The More Inclusion, the Less Motivation? A Big Trade-Off? Liberal Nationalism and Transnational Institutions and Obligations." In: *Identities, Allegiances and Affiliations*. Ed. by Seyla Benhabib and Ian Shapiro. Cambridge, UK. Cambridge University Press.

Balibar, Etienne. 1996. "Is European Citizenship Possible?" *Public Culture*. 8: 355–376〔松葉祥一訳『市民権の哲学』青土社，2000年，所収〕.

Barber, Benjamin. 1995. *Jihad vs. McWorld*. New York. Times Books〔鈴木主税訳『ジハー

[ラ　行]

[ワ　行]

[マ 行]

[ヤ 行]

[タ　行]

［サ　行］

［カ　行］

索　　引

他者の権利
——外国人・居留民・市民

2006年12月28日　　初版第1刷発行
2014年6月1日　新装版第1刷発行

セイラ・ベンハビブ
向山恭一 訳
発行所　一般財団法人 法政大学出版局
〒102-0071 東京都千代田区富士見2-17-1
電話03(5214)5540／振替00160-6-95814
製版，印刷　三和印刷／製本　積信堂
装幀　三木 拓

Printed in Japan

ISBN978-4-588-62220-5

著者

セイラ・ベンハビブ（Seyla Benhabib）
イスタンブール出身．1977年，イェール大学にて哲学の博士号を取得．現在，同大学の政治学・政治哲学教授．討議倫理学を応用したフェミニズム，多文化主義の研究で近年注目されている．主著に，*Situating the Self: Gender, Community and Postmodernism in Contemporary Ethics*（New York & London, 1992, 全米教育協会年間最優良図書賞）; *The Reluctant Modernism of Hannah Arendt*（Thousand Oaks, CA, 1996）; *The Claims of Culture: Equality and Diversity in the Global Era*（Princeton, NJ, 2002）; *The Rights of Others*（Cambridge, 2004, 本書，北米哲学会賞，アメリカ政治学会ラルフ・バンチ賞）; *Another Cosmopolitanism*（New York, 2006）などがある．

訳者

向山 恭一（さきやま きょういち）
1964年生まれ．新潟大学教授．政治思想専攻．
訳書にウェンディ・ブラウン『寛容の帝国』（法政大学出版局，2010年），ナンシー・フレイザー『正義の秤』（法政大学出版局，2013年）などがある．